D1876071

WEITERFRAGEN …

In Glaube und Zweifel

Impulse zum fragenden Christsein

Klaus Bümlein

Ludwig Burgdörfer

Verlagshaus
Speyer GmbH

Wir widmen
dieses Buch
Allen,
die mehr Fragen
als Antworten
haben …

Impressum

ISBN 978-3-947534-13-5

© 2020, Verlagshaus Speyer GmbH
Gestaltung und Satz: Verlagshaus Speyer GmbH, Speyer
Druck: NINO Druck GmbH

Bildnachweis:

Seite 21	Verheißung an Abraham, Blatt aus der Wiener Genesis, um 500 entstanden in Syrien/Konstantinopel, Pupurpergament (heute in Wien): Gottes unglaubliche Zusage: Abrahams Nachkommen so zahlreich wie die Sterne am Himmel.
Seite 59	Menschen im Sturm und in Angst, Blatt aus einer Evangelien-Handschrift (Evangeliar), um 1020 entstanden in Köln, im Auftrag der Äbtissin Hidta (Hidta-Codex, heute in Darmstadt). Die Kirche dem Abgrund entgegen – Christus nah und doch ohne Initiative zur Hilfe.
Seite 113	Fensterbild „Segnender Christus“. Das mittlere der fünf Chorfenster der Gedächtniskirche zu Speyer. Ausgeführt von dem Hofglasmaler seiner Majestät Carl de Bouché, München. Gestiftet von Kaiser Wilhelm II. und Kaiserin Auguste Victoria. Der segnende Heiland ist nicht heil und unversehrt. Seine Hände und Füße tragen die Zeichen des Leidens demonstrativ. Der uns so entgegenkommende Christus weiß viel über Wunden.

INHALTVERZEICHNIS

VORWORT

„Nun sag, wie hast du's mit der Religion", fragt Gretchen Dr. Faustus in Johann Wolfgang von Goethes „Faust" (V. 3415). Sie stellt damit die wesentliche Frage nach Fausts persönlichem Verhältnis zum Glauben, den mit ihm zusammenhängenden Moralvorstellungen und damit zu seinem Leben als Ganzes. Für Gretchen ist dies die entscheidende Frage, von deren Beantwortung sie eine Beziehung mit dem Gelehrten abhängig macht.

Auch die Bibel ist voller Fragen. Sie sind Zeichen der Verunsicherung. Sie kommen aus der Tiefe des Herzens, in dem sich zuweilen Angst und Verzweiflung breit machen. Manche Fragen rühren ans Innerste, sind radikal, weil sie an die Wurzel unserer Existenz gehen. Sie offenbaren Geheimes, Verborgenes und rufen nach Orientierung, ersehnen Trost. So ist es verständlich, dass auch das vorliegende Buch mit Fragen beginnt – und nicht durch vorschnelles Antworten mit der Tür ins Haus fällt.

Ich schreibe dieses Vorwort in der Karwoche 2020, vorläufiger Höhepunkt der Corona-Pandemie in unserem Land. Gegenläufig zu einem verbreiteten Anliegen, die Autonomie zur Bestimmung des Menschseins ins Zentrum zu rücken, verweist das Coronavirus unablässig auf die Verletzlichkeit von uns Menschen. Wir, die wir „wenig niedriger gemacht sind als Gott" (Psalm 8,6), sind doch zuerst und zumeist „Staub, der atmet" (1. Mose 2,7). So klagen wir in diesen Tagen die Not in Gottes Ohr, die diese Epidemie in so viele Menschenleben bringt. Fragen ihn, warum das Chaos in Gestalt solcher Dunkelheiten diesen Raum einnimmt. Gleichzeitig bitten wir um seinen Geist des Trostes für die Kranken, um den Geist der Kraft für alle, die jetzt für Andere sorgen. Auch finden sich in diesen so noch nie dagewesenen Zeiten Menschen, die danken. Danken für erfahrene Hilfe und Solidarität und die – mitten in der Krise – im Lob Gottes trotzig eine Radikalität des Angewiesenseins auf Gottes rettende, erneuernde und letztlich verwandelnde Kraft leben und auch aussprechen. Stellvertretend tun sie das: auch für die, die in Krankheit und Elend die Zerstörung des Lebens erleiden, aber die Sprache des Glaubens nicht mehr finden.

Bei Licht besehen, ist das eine Gratwanderung. Die Polyphonie des Glaubens klingt gegenwärtig äußerst dissonant. Das Zeugnis von uns Christen hat eine paradoxe Gestalt, analog der biblischen Losung für dieses Jahr 2020: „Herr, ich glaube; hilf meinem Unglauben" (Markus 9,24). Darin spiegelt sich die Einsicht wider, dass Gott sich nur selbst erschließen, beglaubigen, vergegenwärtigen kann. Die Kirche, die Christen, wir, wir sind nicht Bürgen des Wortes, das wir weitersagen, sondern nur Zeugen. Zeugen einer Botschaft, die „höher ist als alle Vernunft" (Philipper 4,7) – und an der wir deshalb zuweilen selbst zweifeln. Die Antworten auf unsere Lebens- und Glaubensfragen können wir uns nicht selber geben. „Unruhig ist unser Herz", bekennt Augustin, der Kirchenvater, „bis es Ruhe findet in dir", also Antwort findet in und durch Gott. Es ist die Hoffnung, dass die lauten und stummen Klageschreie am Ende nicht unbeantwortet bleiben, sich Gott vielmehr allen Menschen, auch uns, und seiner ganzen Kreatur noch einmal schöpferisch zuwendet. Diese verwegene Hoffnung ist es, die uns, wie der Apostel Paulus im Brief an die Römer schreibt, „geduldig" sein lässt „in Trübsal" und „beharrlich im Gebet" (Römer 12,12).

Geduld, Langmut, das aber heißt: Aushalten – all die offenen Fragen und Zweifel. Nicht fliehen, sondern bleiben, da-bleiben: bei den Verwundeten und Schwachen, die Kraft und Zuspruch brauchen – und beten, beharrlich. Ist doch das Gebet der Ort, wo ich vor Gott ausbreite, was mich im Innersten umtreibt: meine Sehnsucht, meine Wünsche, meine Sorge und meine Angst, meine offenen Fragen. Im Gebet vollziehe ich diejenige Bewegung, die Martin Luther angefochtenen Menschen angeraten hat: Ich fliehe von Gott zu Gott, von dem in den Wirrnissen und Nöten dieser Welt verborgenen, fernen, schweigenden Gott zu dem in Christus offenbaren, mit-gehenden, mit-leidenden, nahen Gott.

So wünsche ich den Leserinnen und Lesern dieses Buches: Lassen Sie sich ein auf die vielfältigen Fragen der Bibel und die tastende Suche nach Antworten.

Ich danke Herrn Oberkirchenrat i.R. Dr. Klaus Bümlein und Herrn Pfarrer i.R. Dr. Ludwig Burgdörfer für die Behutsamkeit, mit der sie uns dabei an die Hand nehmen. Auch für ihre hoffnungsvolle Ehrlichkeit und Wahrhaftigkeit. Sie wirkt befreiend: sowohl für die vielen unruhig in der Kirche suchenden, wie auch die außerhalb der Kirche skeptisch fragenden Menschen.

Speyer, im April 2020 Kirchenpräsident Dr. h.c. Christian Schad

ZUR EINFÜHRUNG

„Ob das alles so stimmt?"

„Ob das alles so stimmt?" Ich sehe noch den Blick meines jüngeren Bruders Peter. Als Kinder und Jugendliche hatten wir oft disputiert. Er fragte skeptisch nach dem Glauben. Mit Zweifeln wie der Thomas im Evangelium. Als kritischer Naturwissenschaftler. Seine Fragen gingen mit mir. Auch zehn Jahre nach seinem Tod (2010) bleiben sie nahe.
Albert Camus brachte mir seinen rebellischen Glauben immer neu ins Spiel, seit Schülerzeiten. Der „Pest" standhalten ohne die Stütze eines festen Gottesglaubens. Nach dem Unfalltod eines Jugendfreunds, der Mönch geworden war, schrieb Camus: „Ich weiß wohl, dass der Tod für ihn nur ein Übergang war, er verstand es, von einer gewissen Hoffnung zu sprechen. Aber für die Menschen, die ihn wie ich geliebt haben, ohne diese Hoffnung teilen zu können …"
So viel offene Fragen! Ich habe in meinem Studium beeindruckende Lehrer erlebt. Manche deuteten den Christus-Glauben auf hohem Niveau – da klaffte für mich kein Abgrund zwischen Wissen und Glauben. Und später auch in den Gemeinden, gerade bei einfachen Leuten: so viel überzeugter und tapferer Glaube. Gelebtes Christsein ohne Berührungsangst.
Aber die andern konnte ich nie vergessen. Die sich schwer taten mit den tradierten Bekenntnissen. „Ich glaube an Gott, den Vater, den Allmächtigen …" Jesus Christus, „für uns gestorben"? „Aufgefahren in den Himmel". Die ihre Mühe hatten auch mit den dunklen Seiten des biblischen Gottes, seinem Zorn, seinem Schweigen, seiner Unbegreiflichkeit. Mit den Schicksalsschlägen ohne Antwort auf ein Warum.
Ich denke immer wieder an einen Studienfreund. Vielseitig begabt. In Johann Sebastian Bach erblickte er nicht nur den „fünften" Evangelisten, sondern den einzigen, dem er endlos zuhören konnte. Krankheit erlaubte ihm keinen Berufsabschluss. Als wir neu Kontakt bekamen, stand er von der Kirche weit entfernt. Manches Mal kamen Briefe von ihm, eng geschrieben mit der Hand, mehr als sechs oder zehn Seiten. Mit kritischen Anfragen, bitter und mit quälenden Albträumen. Der Kontakt blieb bis zu seinem Tod.

Der Apostel Thomas kam und blieb so ganz im Nahbereich. Ein Freund. Ein Familienmitglied. Ich entdeckte ihn, das war die vielleicht schwerste Lektion, auch als Teil meiner eigenen Seele. Mit seinen nie gestillten Fragen. Seinem Suchen. Seinem Zweifel. Dieses Büchlein ist für mich der Versuch, noch einmal ins Gespräch zu kommen mit solchen Zeitgenossen, mit *meinem Bruder Peter. Mit Albert Camus und seinesgleichen. Mit Thomas, dem Zweifler. Mit Manchen, die in der Gemeinde aktiv dabei sind. Mit anderen weit weg von festen Formeln und Gewissheiten. (K.B.)*

„Fragealter"

In meiner ersten kleinen Welt sind Fragen nicht so willkommen gewesen. Stattdessen habe ich mit überwältigender Deutlichkeit gespürt, dass es erstrebenswert und möglich ist, auf alles eine Antwort zu haben. Wie wir leben, was wir essen, wer wofür zuständig ist, wie man seine Arbeit ordentlich macht, wie wir beten, Bibel lesen, in die Kirche gehen, was eine Bibelstunde ist, wer was zu sagen hat und wer nicht, alles klar. In meinem Dorf, in meiner Familie, auf dem Bauernhof, in der ersten Schule wurde nicht viel Zeit verloren mit Herumfragen und nicht Bescheid wissen. Mein Eindruck in der Erinnerung: Fragen sind wie kurze Störungen, wie Hindernisse, die schnell aus dem Weg zu räumen sind. Man kann fragen nach Uhrzeit, Weg, Auftrag, Alter oder Hausaufgaben. Dann gibt es eine klare Antwort und damit ist der Weg frei. Weiterfragen und sich nicht mit der gegebenen Antwort zufrieden geben, das habe ich als unanständiges Fehlverhalten vermittelt bekommen.
Fragen haben, das ist wie Seitenstechen, Nasenbluten, Krampf im Bein. Kommt plötzlich und geht dann wieder weg. Hoffentlich. Fragen sind wie Stromausfall, Bildstörung, durchgebrannte Sicherung.
Das muss ganz schnell bereinigt werden. Bis endlich keine Fragen mehr zu stellen sind.
Keine Fragen haben, das ist der größte anzustrebende Normalfall. Zu lange, zu viele Fragen wieder holen, das ist wie ein zu lange offen stehendes Fenster. Es muss geschlossen werden, weil es sonst zieht. Fragen sind zu vermeiden, zu entsorgen und zu verabschieden. Denn wenn sie länger bleiben, kann daraus

nichts Gutes entstehen – am Ende womöglich sogar Zweifel und Unsicherheit. Und das soll nicht sein.
Dieses Programm hat sich aber auf Dauer nicht durchsetzen können. Es war nur von vorübergehender Dauer. Das musste sich fraglos irgendwann herausstellen. Spätestens als ich mich unaufhaltsam in das fremde Land der Fragen hineingewagt habe, gab es kein Zurück mehr. Mir fiel es zunehmend schwer, immer nur die eine von den Erwachsenen behauptete Antwort alternativlos zu bejahen. Weil es so einfach nicht ist. Nie war. Nie wird.
Die klaren Anweisungen der Eltern, was die Länge der Haare und die Dauer des Klavierübens anbelangt, die Leistungen in der Schule und das Recht auf Verliebtsein auch, überzeugten mich nicht mehr restlos. Die Heimordnung im Internat war mir ebenso ein Rätsel wie die unerträglichen Fragen des Mathematiklehrers. Die Fragen nach Freundschaft und Liebe, nach Sexualität und Atomkraft wurden schier unerträglich. Und spätestens als mir der Maedows-Bericht des Club of Rome in die Hände fiel, ich das erste Sachbuch meines Lebens las (Die Grenzen des Wachstums, 1972), war ich in der unendlichen Weite der Fragwürdigkeit der ganzen Welt angekommen und verlor mich fast völlig in nicht enden wollender Infragestellung aller Dinge und aller Undinge. Ich war entsetzt über die Ansichten eines Clowns und die verlorene Ehre der Katharina Blum. Und es war nur eine Frage der Zeit bis im Studium der Theologie aus jeder vermeintlich sicher geglaubten Glaubensgewissheit ein Fragezeichen nach dem anderen kroch und mich umzingelte. Was stimmt, was stimmt nicht?
Schöpfung, Evolution, guter Gott, böser Gott, Verlorenheit oder Gnade? Gibt es ihn überhaupt? Wer war und ist Jesus? Mit Schaudern denke ich an die Evangelisationsabende zurück, bei denen mir die Frage nach meiner Entscheidung für Jesus gestellt wurde. Bis heute weiß ich keinen Ort und kein Datum für meine Bekehrung. Bin noch immer mitten drin. Bin dabei. Tu es gerade. Hätte da aber noch ein paar Fragen. Wie in jedem Jahr, wenn der Karfreitag an den Himmel kam und ich wieder einmal am höchsten Feiertag zu predigen hatte und einfach nicht fertig wurde mit der Frage, warum Gott diesen Weg der Versöhnung wählen musste, warum das Kreuz, der Tod, warum Jesus ausgerechnet für mich hat sterben müssen. Ob es da nicht auch andere Mittel und Wege hätte geben können. Um Himmels Willen …

Und dann die vielen Karfreitage in der Seelsorge an Krankenbetten und in Sterbestübchen. Die vielen Abschiede voller unbeantworteter Fragen nach dem Warum. Über Wunden und über Leben bin ich immer mehr ein Fragender geworden, habe bis heute gebraucht, um endlich ins richtige Fragealter zu kommen. Die Entwicklungspsychologen hatten das schon viel früher für mich vorgesehen. Aber jetzt ist es endlich so weit. Ich habe mehr Fragen als Antworten. Und das ist gut so. Ich schicke die Fragen nicht mehr weg, verscheuche keine einzige mehr. Ich lass sie bei mir wohnen, räume ihnen Platz ein und lass sie sich äußern.
Ich habe gelernt, dass Fragen wie Hunger sind. Sie kommen immer wieder. Egal wie gut und wie viel ich gegessen habe. Kaum habe ich eine Antwort verdaut, knurrt mir wieder der Magen, kommen wieder die alten Fragen von neuem in mir hoch. Ich frage, also bin ich – auf dem Weg zu Gott und zu mir selbst. Ich frage mich durch. Ich frage nach und gebe keine Ruhe, bis ich angekommen bin dort, wo sich womöglich alle Fragen endlich erübrigen. Und deshalb umarme ich solange meine Fragelust und behalte sie bei mir schamlos, weil ich inzwischen glaube, dass Gott mich und meine Fragen aushält und vielleicht sogar eine Antwort weiß. Aber er behält sie vorerst noch für sich. Fragwürdig ist das. Und wunderbar. Glaube ich.
Und deshalb ist dieses Buch entstanden, im gemeinsam ertragenem, geübten, wiederholten Fragen, im Echo des Freundes und im zaghaften Aushalten aller Vorläufigkeit. (L.B.)

Menschen-Fragen, Gottes-Fragen

Bei unserem Versuch wollen wir die Fragen sehr ernst nehmen. Gewiss gibt es Fragen, die erfreuen und inspirieren. Die Entdeckerlust am Leben spüren lassen, bei Kindern wie bei Erwachsenen. Aber wir wollten auch Fragen zulassen, die verwirren und festgefügte Lebenskonzepte ins Wanken bringen. Die dem Glauben zusetzen und zeitweise sprachlos machen.
Ist das möglich: mit Menschen aushalten bei ihren Fragen, ohne die Antwort zu kennen? Ohne rasche Trostworte? Wir möchten solche Fragen erspüren und wahrnehmen, ihnen Wohnrecht anbieten im Glauben. Mit ihrer Provokation,

ihrer Sehnsucht und den Gewichten des Zweifels. Menschen-Fragen in ihrer Vielfalt.

Wir Autoren, pfälzische Pfarrer im Ruhestand, sind sehr unterschiedliche Theologie- und Glaubenswege gegangen. Auch unser Sprachstil fühlt sich unterschiedlich an. Aber gemeinsam ist uns der Wunsch, die störenden Fragen wichtig zu nehmen, die Zweifler willkommen zu heißen, in der Suche die Nähe des vermissten Gottes zu erspüren.

Unsere gemeinsame Erfahrung, auch bei unseren Dialogen seit mehr als zwei Jahren, legt uns nahe: In Menschen-Fragen können sich unversehens Gottes-Fragen ankündigen. Eine Nähe Gottes, der, nach Thomas Halik, „häufig zu uns lieber in der Gestalt einer Frage als einer beruhigenden Antwort" kommt.

Bei unserem Versuch gehen wir manche Risiken ein. So einseitig einen Frage-Weg erkunden, könnte als Antwort-Verweigerung missdeutet werden. Das wäre ein Missverständnis. Wir möchten uns dem Wagnis aussetzen, dass sich Antworten vielleicht ergeben auf dem gemeinsamen Weg.

Dazu kommt ein zweites, vielleicht noch größeres Risiko. Wir versuchen, heutige Menschen- und Gottes-Fragen mit der Welt der Bibel in Kontakt zu bringen. Wir entdecken in ihr ein Buch der Fragen. Immer neuer Fragen, menschlicher Fragen in Staunen und Ratlosigkeit, in Elend, Aufbegehren und immer wieder Jubel. Aber auch der Gottes-Fragen.

Eine Bemerkung des Schweizers Kurt Marti (1922–2015) hat uns dabei angespornt. „Gott, so denkt man oft, so verkünden Eiferer lauthals, sei Antwort. Spröder sagt die Bibel, dass er Wort sei. Und wer weiß, vielleicht ist er meistens Frage: die Frage, die sonst niemand stellt." Wir lesen die Bibel darum als Buch der tausend Fragen. Und lauschen neben und in den Menschen-Fragen auf die Fragen, in denen sich der biblische Gott zu Wort meldet. Oft genug befremdlich und störend, erschütternd und aufrüttelnd. Gewiss sind alle Bücher, die wir der Heiligen Schrift zurechnen, von Menschen gestaltet, Zeugnisse menschlicher Erfahrung. Aber können wir übersehen, dass sie Nachricht, Kunde, Zeugnis, Widerhall sein möchten einer anderen Stimme?

Jesus-Fragen

Eines der anregenden Begleitbücher haben wir in Johannes Bours „Da fragte Jesus ihn" (1986) entdeckt. Dieser spirituelle Autor (1913–1988) fächert 18 Fragen auf, die in den Evangelien aus dem Mund Jesu überliefert sind. Ihm geht es nicht um das historisch Authentische. Er nimmt die Fragen als Impulse, um für uns selber Klärungen zu finden. Auch die zunächst verstörenden Fragen wie „Warum habt ihr solche Angst? Habt ihr noch keinen Glauben?" (Markus 4,40) In den Fragen Jesu, so meinen wir, sind unsere eigenen Menschen-Fragen aufgenommen und manchmal sehr irdisch, sehr diesseitig, mit den Fragen Gottes verwoben.

Die Verknüpfung von Gottes-Fragen, Menschen-Fragen, Jesus-Fragen regte auch den Aufbau dieses Buches an. Eine Dreiteilung legte sich nahe.

Im ersten Teil greifen wir einige Fragen auf, die als Gottes-Fragen überliefert sind.

Im größeren Mittelteil bleiben wir Menschen-Fragen auf der Spur, die von Adam und Kain, über Mose und Hiob, von Pilatus bis Paulus, auch von nicht mit Namen Genannten erzählt sind.

Im dritten Teil meditieren wir einige der Jesus-Fragen. Fragen, die Jesus Christus selber in den Evangelien stellt.

Gottes-Fragen, Menschen-Fragen, Jesus-Fragen. Eine einfache Dreiteilung. Die Menschen-Fragen haben wir in die Mitte gerückt, sie sind am zahlreichsten aufgenommen. Doch auch bei den Gottes- und Jesus-Fragen hoffen wir aufmerksam zu bleiben für das, was Menschen heute umtreibt. Und vor allem: in der Offenheit des Suchens auszuhalten.

Ein im Jubiläumsjahr öfter zitierter Hölderlin-Satz steht in seinem frühen „Fragment von Hyperion" (1793). „Wir sind nichts; was wir suchen, ist alles."

Bei Christian Lehnert fanden wir die Notiz: „Die Frage nach Gott ist vielleicht bereits die deutlichste Form seiner Gegenwart, und wo er vollmundig bekannt wird, kann er ferner sein denn je."

GEBRAUCHSANWEISUNG

WEITERFRAGEN tun wir so:

Wir rahmen unseren Fragenkatalog mit zwei *Rahmenfragen*.
Die erste kommt aus dem Alten Testament (2. Mose 3,13), „Wie ist sein Name?", die zweite am Ende aus dem Neuen Testament (Johannes 21,15ff). „Hast du mich lieb?"
Wir wollen so Anfang und (vorläufiges) Ende unserer Fragen besonders markieren mit zwei zentralen Aspekten, die uns für unser Unterfangen ganz wesentlich erscheinen: *Gottes-Bezeichnung und Jesus- Beziehung.*

Bezeichnung: *„Wie ist sein Name?" fragt Mose*, weil er auf der Suche ist nach einer Legitimation seines Auftrages, die sich berufen kann auf den Namen Gottes. Dabei stellt sich Gott als einer vor, mit dem man was erleben kann, der sich nicht als kognitives Ergebnis, sondern als biographisches Ereignis verspricht. Das ist sozusagen der Doppelpunkt vor unserem Betrachten der biblischen Fragen, die wie ausgewählt haben.
Beziehung: *„Hast du mich lieb?" fragt Jesus*. Seine Frage steht quasi als Ausrufezeichen am Ende unseres Kataloges. Es geht um die Beziehungsweise, die dem Erlebnis des Glaubens sowohl Petrus als auch allen Nachfolgenden Zukunft und Perspektive gibt.
Im Rahmen dieser beiden Markierungen bewegen wir uns also mit unserem *WEITERFRAGEN*.

Die übrigen drei Fragekapitel
A Gott fragt
B Menschen fragen
C Jesus fragt
betrachten wir jeweils in vier Schritten:

Wir werfen einen ERSTEN BLICK darauf. Machen erste Annäherungsversuche und tasten uns an die Frage heran.

Dann folgte der ZWEITE BLICK. Der schaut nach, wie diese Frage in der Bibel vorkommt.
Es folgt der AUGENBLICK. Jetzt fragen wir die Frage, wie sie augenblicklich in unser Hier und Heute passt.
Und zum Schluss folgt der AUSBLICK mit einer (hoffentlich) weiterfragenden Frage.

Noch ein Hinweis zum Lesen:
Für Leserinnen und Leser, die unser *WEITERFRAGEN* aufschlagen, möchten wir zu bedenken geben: Sie finden in diesem Buch kein Kompendium, das rasch von Anfang bis Ende durchgearbeitet werden müsste. Vielleicht ist es besser, bei einer Frage zu beginnen, die direkt anspricht. Und dabei zu verweilen.

Rahmenfrage

Wie ist sein Name? (2. Mose 3,13)

„Kennen Sie mich noch?" Wie oft höre ich überraschend die Frage und sehe in ein erwartungsvolles Gesicht. Ein Glück, wenn mir der Name gleich einfällt. Peinlich, wenn ich ahnungslos und verlegen nicht auf den Namen komme. Es soll Namenskünstler geben, die sich einen Namen mit dem Gesicht für immer merken können. Sie dürften selten sein. Ein Bekannter erzählte, wie er rasch bei einer unerwarteten Begegnung seine Frau heimlich fragte: „Wie ist sein Name?" Sie konnte ihm, mit ihrem besseren Namensgedächtnis, aus mancher Verlegenheit heraushelfen

Den Namen zu kennen, schafft zwischen Menschen Vertrautheit, ruft Erinnerungen wach. Der Name rückt eine Person vor Augen. Auch wenn die Kenntnis des Namens längst nicht das Geheimnis einer Person erschöpft.

„Wie ist sein Name?" Viele befinden sich auf der Namenssuche nach Gott. So ergeht es schon Mose. Kann man mit Ihm vertraut werden, ohne wenigstens seinen Namen zu kennen? Eine ganz anonyme Gottheit lässt keine Beziehung zu. Ein namenloser Gott bliebe unheimlich.

Bei der Berufung des Mose spielt der Name Gottes eine entscheidende Rolle. Wer ist der, der Mose aus dem brennenden Dornbusch anspricht? Er stellt sich nicht mit einem Namen vor. Sondern zuerst mit seinen Taten. Als Gott Abrahams, Isaaks, Jakobs. Gott der Väter. Das ist lange her? Aber Er nimmt die Bedrängnis des Volks in Ägypten wahr, jetzt. „Ich habe ihre Leiden erkannt." In seinem Auftrag soll Mose das Volk aus der Gefangenschaft führen.

Wer ist Er? Mose fragt direkt nach dem Namen. „Was ist sein Name? Was soll ich ihnen sagen?" Die Antwort klingt wie eine Aussage-Verweigerung: „Ich werde sein, der ich sein werde". Martin Buber, der große jüdische Übersetzer, gibt die Stelle so wieder: „Ich werde dasein, als der ich dasein werde." Was heißt das? Haben wir es mit einem Gott zu tun, der willkürlich freundlich oder unfreundlich, gnädig oder ungnädig mit seinen Menschen umgeht? Gott lässt sich nicht festlegen mit einem fixen Namen. Auch nicht für Mose. Er ist und bleibt der HERR, über den kein Mensch verfügen darf. Der hebräische Name JHWH wird von frommen Juden bis heute nicht ausgesprochen. Lieber nennen

sie Ihn ehrfürchtig „HERR“. Den Gottes-Namen nicht missbrauchen, das gehört zum Kern der zehn Gebote.
Für mich bleibt diese Szene mit einer ganz bestimmten Geschichte verbunden. Er war ein ungewöhnlicher, kritischer Konfirmand. Als einziger, von dem ich weiß, entschied er sich bei der Auswahl seines Konfirmationsspruchs genau für diese Stelle: „Ich werde sein, der ich sein werde.“ Darin fand er seinen Bezug zu Gott. Er hielt daran fest, auch gegen manche verwunderte oder spöttische Frage. Unvergesslich bleibt mir sein Lebensschicksal. Er ist als junger Mann an einem Gehirntumor gestorben. Wer war Gott für ihn?
„Geheiligt werde Sein Name“: Das ist die erste Bitte, die Jesus im Vaterunser seinen Jüngern ans Herz legt. Er schließt an den Auftrag des Mose an. Die vertrauliche Vater-Anrede darf nie missbraucht werden für eine plumpe Vertraulichkeit. Er wird nicht zum Kumpel, der sich alles gefallen lässt. Aber Er wird, wie der jüdische Ausleger Benno Jacob formuliert, „der für euch allmächtig Hilfreiche…, zur ewigen Verheißung, ein ewiger Trost, und je reicher die Erfahrung von ihm wird, desto größer wird der Inhalt dieses Namens“.
Wir wollen mit unserem Frage-Weg uns von der Mose-Frage nach Gott weiter bewegen und vorantreiben lassen. „Wie ist sein Name?“ „Wie heißt du?“ (1. Mose 32,30)

„Wer bist du?“

Den Namen kennen führt noch nicht in das Geheimnis der Wirklichkeit. Für viele Zeitgenossen bleibt die Debatte um den Gottesnamen darum noch im Vorfeld. Legen Namen nicht doch fest? Bleiben wir mit dem Namen eher bei einem kindlichen Gott, der sich vor dem kritischen Verstand auflösen wird? Engt ein noch so wichtiger Name für Gott ein, wie bei jeder menschlichen „Nomenklatura“?
Diesen Argwohn spricht schon Goethes „Faust“ aus auf seiner Lebenssuche: „Nenn es dann, wie du willst, | Nenn 's Glück! Herz! Liebe! Gott! | Ich habe keinen Namen | Dafür: Gefühl ist alles: | Name ist Schall und Rauch …“ (3432–3458). Geht es über den Namen hinaus nicht vor allem um den ehrlichen Kontakt mit Gottes Wirklichkeit? Um „Gefühl“, Erfahren und Begegnen? Die Namen treffen noch nicht, worauf es ankommt.

So ist die Frage: „Wie heißt du?" nahe verknüpft mit der anderen Frage: „Wer bist du?". Wer bist du wirklich? Sie reißt in eine Bewegung hinein, die Gott nicht nur ansprechen, sondern mit ihm näher verbunden und innig vertraut werden möchte. Die sein Herz sucht. Sie schwingt schon bei der Frage des Mose mit. Wer ist es, der aus dem Dornbusch redet und ihm einen Auftrag gibt? Die Frage wandert mit durch alle Stationen der Glaubenswege Israels.

Wer etwas von diesem Gott gehört hat, von ihm angeredet oder berührt oder angesehen wurde, hat sich auf Veränderungen, auf Einschnitte gefasst zu machen. Bei vielen ist dieser Bruch schon beim Abschied von ihrem Kinder-Glauben passiert. Unversehens ist der gute Gott wie verschwunden, der doch immer hilfreich sein soll und liebevoll nahe. Marie-Luise Kaschnitz hat diese Kindererfahrung in ihrer Grausamkeit prägnant geschildert. „Was ist über den Sternen?", hatte sie als Kind ihren Lehrer gefragt. „Darüber ist nichts, sagte der Lehrer, nur eben der Weltraum, also nichts." Damit war ihr ganzer Kinderhimmel weggefegt, ein vollständiger Zusammenbruch. Mit niemand wagte sie darüber zu sprechen. „So gesellte sich zu der Qual der Gottverlassenheit das Leiden der Einsamkeit" (Tage, Tage, Jahre).

Wer bist du? Für viele stellt sich die Frage im Erwachsenenalter neu. Der Verlust eines Kindes, das Scheitern der Partnerschaft: Wo ist der Gott der Güte geblieben? Es sind die persönlichen Katastrophen, die das Gottesbild verwirren. Aber auch die großen Glückserfahrungen, die Entdeckung des eigenen Lebensauftrags, die anspornen.

„Wer bist du?" An überraschender Stelle steht diese Frage im Neuen Testament. Es ist die Frage des Saulus, der von dem lebendigen Christus bei Damaskus getroffen wird (Apg 9). Er empfängt die Antwort: „Ich bin Christus, den du verfolgst." Die Frage an Gott „wer bist du" ist für Paulus immer zugleich die Frage nach Jesus.

Die Jesus-Gemeinde hat viele Namen gefunden, um das Geheimnis ihres Meisters anzunähern. Sie hat ihn Messias genannt, den Heiligen Gottes, den Gottessohn, Befreier, Erlöser und Retter … Und wie beim Gottesnamen kommt die Frage niemals zu Ende: „Wer bist du?"

Auch Paulus selber bleibt ein weiter Suchender. „Nicht als ob ich's schon ergriffen hätte oder schon vollkommen bin" (Philipper 3). „Unser Wissen ist Stückwerk" (1. Korinther 13). „Wir haben diesen Schatz in irdenen Gefäßen" (2. Korinther 4). Der, nach dem er sucht, fragt immer neu nach ihm.

„Wie ist sein Name?" „Wer bist du?" Diese Doppel-Frage haben wir an den Anfang gerückt, als Rahmen für unsere Wanderung durch die Lebens- und Gottesfragen der Bibel. Wir dürfen weiterfragen.
Eine Frau, die die Zerstörung von Dresden erlebt hat, sagte noch nach Jahrzehnten: „Seitdem kann ich an keinen guten Gott mehr glauben." Eine andere, die lange davon schwieg, gab einmal ihr alternatives Credo preis: „Dass ich damals verschont wurde, hat mir meinen Auftrag gewiesen, für eine ehrliche Versöhnung zwischen Völkern zu arbeiten."

GOTTES-FRAGEN

Verheißung an Abraham

Gottes unglaubliche Zusage: Abrahams Nachkommen so zahlreich wie die Sterne am Himmel

Weiterfragen

Wo bist du? (1. Mose 3,9)

Erster Blick

Verstecken ist mehr als ein Kinderspiel. Es reizt uns von klein auf. Es ist spannend, sich zu verbergen vor den Augen der anderen und dann zu warten, ob wir gefunden werden. Natürlich funktioniert das nur, wenn auch die Suche ernsthaft beginnt. Nichts schlimmer, als sich zu verstecken und niemanden interessierts.

Gott spielt das Spiel auch. Er sucht seine Menschen. Von Anfang an sucht er sie. Weil sie sich gerne verstecken. Auch vor ihm. Das Spiel der Gotteskinder scheint leicht zu passieren. Eine Mischung aus Scham und Scheu, Unsicherheit und schlechtem Gewissen lässt sie auf Abstand gehen zu dem Gott, der den Garten Eden paradiesisch schön eingerichtet hat für alle. Und doch fremdeln die Menschen und ziehen sich Stück für Stück zurück. Sie werden ihre Gründe haben…

Aber Gott geht ihnen nach, sucht sehnsüchtig. Jedes einzelne DU. Seine Stimme ist von Weitem schon zu hören.

„Hänschen piep einmal!" rufen die suchenden Kinder im Spiel, wenn sich weit und breit nichts tut und keine Lebenszeichen zu vernehmen sind. Wer keinen Piep von sich gibt, wird auch nicht gefunden.

Wann piept es wohl endlich bei uns?

Zweiter Blick

Das ist die erste Frage Gottes, die in der Bibel überliefert ist.

Die Anfangs-Erzählung der Genesis (1. Mose 1,1–2,4) wird gegliedert von dem majestätischen „Gott sprach", das die Schöpfung entstehen lässt. Acht Mal „Und Gott sprach". Und ER spricht den Menschen einen hohen Auftrag zu. Und In der zweiten so anderen Anfangs-Erzählung (von 2,4 an), erfahren wir von Gottes fürsorglichem Tun, das eine Mitwelt „Adams" entstehen lässt und mit der Frau „eine Gehilfin, die um ihn sei" (2,18).

Mit den urtümlichen Bildern des Anfangs zeigen die Erzähler sehr bald, dass der Mensch seinem Auftrag nicht gewachsen ist. Er nimmt nicht an, wozu ihn Gott beauftragt: den „Garten Eden" bebauen und bewahren (2,15). Er möchte sein eigener Herr sein, ohne lästige Gebote oder Verbote. Gottes Wort vertauscht er mit den Einflüsterungen der „Schlange", die hier als Bild des versucherischen Bösen erscheint.

Wird sich Gott gegenüber dem rebellischen Menschen in Schweigen hüllen? „Und Gott der Herr rief Adam und fragte ihn: Wo bist du?" ER fragt und hört nicht auf zu fragen. Die erste Gottes-Frage. Das wird kritisch für „Adam" und „Eva", die unverhüllt vor Ihm stehen mit aller Schuld und Kalamität. Das Paradies wird bald verspielt sein.

Und doch schwingt in dieser Gottesfrage eine Fürsorglichkeit mit, eine weiter tragende Zuwendung. ER verschafft den Menschen „Röcke von Fellen", dass sie nicht nackt dastehen. „Gottes Handeln geht mit den Menschen mit" (Dietrich Bonhoeffer).

Augenblick

Gott, der uns fragt. Damit rechnen wir kaum. Soll Er nicht fraglos für uns da sein, der Schöpfer, der Geber des Lebens? Und sich unsere eigenen Fragen gefallen lassen. Aber ein Gott, der *uns* Fragen stellt? Der uns keine Ruhe lässt mit Seinen Fragen? „Wo bist du?" Diese erste Frage Gottes in den Anfangsgeschichten lässt aufhorchen.

Seine Frage kommt manchmal sehr leise daher. Die Gewissensfrage, vielleicht seit Kinderzeiten vertraut. Mir bleibt eine Szene aus der Grundschule in Erinnerung. Ich hatte die Hausaufgabe vergessen. Der Lehrer fragte danach. In meiner Verlegenheit stammelte ich: „Ich hab' das Heft leider zu Hause liegen lassen." Der Lehrer schaute mich prüfend an und wollte sich zufrieden geben. Pech, dass einer aus der hinteren Bank den Finger hob: „Herr Lehrer, auf seinem Platz liegt unten ein Heft!" Der Lehrer schaute hinein, das angeblich vergessene Heft war zur Stelle. Die Überschrift „Hausaufgabe" stand klar zu lesen, aber sonst nicht das Geringste. Wo warst du, kleiner Adam? Nicht sehr nah bei der Wahrheit. Du hattest mehr vergessen als die „Hausaufgabe". Der Lehrer strafte übrigens nicht. Aber sein enttäuschter Blick tat weh. Ein wenig bis heute.

Kindergeschichten? Für Erwachsene kann die Frage einen schrecklichen Ernst gewinnen. Wo waren die Nachbarn, als im November 1938 die Synagogen angezündet wurden? Viele haben weggeschaut, weggehört. Heinrich Böll hat die Gottesfrage in einer Nachkriegsgeschichte wörtlich aufgegriffen: „Wo warst du, Adam?" Die Frage, die sich offenbar jede Generation neu stellen lassen muss. Wo stecken wir bloß, wenn es darauf ankommt, die Augen aufzumachen? Die sachte Frage Gottes wandert mit. Bist du bei dir selber oder eher verkrochen?

AUSBLICK Weiterfragen

Wenn Gott noch immer nach
uns sucht, sind wir dann
wirklich verloren oder
werden wir eher von ihm vermisst?

Warum ärgerst du dich? (1. Mose 4,7)

Erster Blick

„Mensch, ärgere dich nicht!" Das Gesellschaftsspiel ist uralt. Mehr als 100 Jahre. Es wird gewürfelt. Von 1 bis 6. Vier Figuren sollen einmal die Runde machen. Aber weil sie meistens aus dem Häuschen sind und noch nicht drinnen, bringt es Spaß und manchmal auch Ärger. Weil niemand gerne verlieren möchte. Weil es schwerfällt, weit zu kommen und dann doch zurückzufallen.
Man kann sich gegenseitig überholen und sogar rauswerfen. Oft ganz knapp vor dem Ziel passiert das dann. Mit Lust und Frust. Angeblich kann es ja nur einen Sieger geben.
Das kommt erschwerend hinzu. Und Verlieren ist kaum zu ertragen. Zuzusehen, wie andere erfolgreich sind. Womöglich auf meine Kosten. Verlieren ist ärgerlich. Ärger tut weh. Ganz arg. Macht bitter, brennt nach innen.
Und dann wird's ehrlich gefährlich. Für alle Beteiligten. Was lange gärt, wird endlich Wut. Und die kann ganz unberechenbar um sich schlagen. Und sie tut es auch.
„Warum?" fragt Gott und wundert sich. Womöglich glaubt er, außergewöhnlich wie er nun mal ist, dass auch Verlierer etwas gewinnen. Mensch, wundere dich!

Zweiter Blick

Bruderzwist und Geschwisterkonflikte gibt es von Anfang an. Die Bibel erzählt realistisch und dramatisch davon, „jenseits von Eden". Kain der Bauer und Abel der Hirte: Da treffen zwei Welten aufeinander. Wie die Interessen abgrenzen zwischen Ackerland und Weideland?

Der Erzähler lässt uns in einen tieferen Konflikt hineinschauen. Kain hält sich für benachteiligt. Abel mit den „Erstlingen seiner Herde" findet viel mehr Gnade von oben. Gott, so scheint es ihm, schaut gnädig auf Abels Opfer. Wie kann Kain damit zurecht kommen?

Die urtümliche Geschichte zeigt eine mörderische Eskalation auf. Am Anfang der finstere Blick, die Missgunst, der Neid. „Da ergrimmte Kain und senkte finster seinen Blick" (4,5). Die „Gute Nachricht übersetzt": „Warum bist du so zornig? Warum starrst du auf den Boden?"

Genau da kommt die Gottesfrage ins Spiel. Kain bleibt nicht allein mit seinem Ärger und seinem Gefühl der Benachteiligung. Gott interveniert mit Seiner Frage. Kain könnte sich besinnen. „Es ist eine väterliche Rede, die, ehe es zu spät ist, dem Bedrohten einen Rückweg zeigen möchte" (Gerhard von Rad).

Augenblick

Der Mensch ärgert sich, wenn er verliert. Total normal. Gewinnen und Verlieren ist ungleich verteilt. Schon immer. Da werden Zwei geboren, der eine gesund, die andere nicht. Zwei lernen für die Klassenarbeit, für die Prüfung, beide geben alles, aber nur eine Person bleibt ruhig und konzentriert, die andere hat einen blackout und versagt. Zwei machen eine Ausbildung, aber nur einer wird übernommen. Zwei verlieben sich heftig, die eine findet den Richtigen und die andere findet sich ab mit dem Gegenteil. Zwei gründen eine Familie, die Kinder im Nachbarhaus geraten prächtig, die eigenen auf die schiefe Bahn. Zwei wollen es zu was bringen, einer fällt die Karrieretreppe nach oben, der andere negativ auf. Zwei machen große Pläne, einem fällts in den Schoß, dem andern alles ins Wasser. Zwei suchen Gott, einer sucht weiter, der andere das Weite.

Und die Zwei sind Geschwister, Nachbarn, Freundinnen und Freunde, Partner. Und die Zwei sind Männer, Frauen, Kinder, Junge, Alte. Und sie heißen Kain und Abel, und sie heißen wie du und ich.

Und wer verliert, ärgert sich, weil es ungerecht und unverdient ist.

Kain fühlt sich von Gott abgelehnt, nicht angesehen, zurückgesetzt, benachteiligt. Kain versteht das nicht. Keiner versteht das.

Beide haben redlich gearbeitet, gut geerntet, Gott gedankt, knien da nebeneinander und beten. Aber Kain spürt nichts von Gottes Güte und Nähe. Eifersucht kriecht ihm in die Seele. Der Mensch Kain ärgert sich und sieht den Gewinner neben sich.

Und Kain versteht das nicht. Und keiner versteht das. Da lässt der Bruder den Kopf hängen. Sein Selbstwertgefühl erlischt. Und jetzt wird's gefährlich. Geh bloß dem Kain aus dem Weg, der ist gekränkt und ungenießbar.

Aber Gott redet mit ihm. Er nimmt seinen Ärger wahr. Und er will wissen, was Kain denkt. Er soll sich aussprechen, Luft verschaffen, nicht ersticken an der Eifersucht. Komm Kain! Sag was! Lass es raus! Spucks aus! Friss es nicht in dich hinein! Warum ärgerst du dich so?

Aber Kain schweigt, erhebt keinen Einspruch, fordert nichts. Totschweigen kommt vor dem Totschlagen. Gott will, dass Kain aus sich heraus geht. Dein Zorn gehört zu dir, aber du gehörst ihm nicht! Aber Kain macht dicht und verfällt voll und ganz der magischen Anziehungskraft des Abgrunds, lässt sich da hineinziehen in den Teufelskreis der Aggression. Gott will, dass er sich gegen das Böse entscheidet. Aber Kain nimmt das Angebot nicht an.

AUSBLICK Weiterfragen

Warum soll ich mich mit
dem Ärger anfreunden,
wenn er doch meine Seele
ruiniert und mich so müde macht?

Wo ist dein Bruder? (1. Mose 4,9)

Erster Blick

Bruder gesucht! Schwester auch! Geschwister gesucht! Gott stört mich in meiner Beschäftigung mit mir selbst, unterbricht meine Ruhe und meint, ich sollte mit meiner Aufmerksamkeit woanders sein.

Also nicht nur bei mir. Gott vermisst meinen Bruder offenbar. Findet ihn nicht. Und findet sich nicht damit ab. Kommt ausgerechnet zu mir und nötigt mich, zu reagieren. Bringt mich unter Druck. Treibt mich in die Enge. Unterstellt mir, ich wäre gerade dabei, meinen Bruder zu übersehen. Zu vergessen. Würde meiner Verantwortung nicht nachkommen. Hätte kein Herz für die anderen Geschwister. Würde sie totschweigen. Ihnen aus dem Weg gehen.

Sie womöglich sogar übergehen. Hätte sie auf dem Gewissen. Wäre was schuldig. Gott deckt auf, geht nach, fragt ausgerechnet mich nach dem Mitmensch. Das hat mir gerade noch gefehlt. Brüder können doch dermaßen auf die Nerven gehen, oder? Und Schwestern erst recht! Ich soll meines Bruders Hüter sein? Wer braucht denn so was?

Zweiter Blick

Was geschieht mit Kain, der seinen Bruder Abel umbringt? Diese Anfangsgeschichte voller Fragen endet nicht mit Abels Tod. Gott meldet sich ein zweites Mal zu Wort. Mit dieser alles erschütternden Frage: „Wo ist dein Bruder Abel?"

Kain versucht es, in einer ersten Reaktion, mit Verleugnung. „Ich weiß es nicht; soll ich meines Bruders Hüter sein?" Er will nicht wahrhaben, was er längst weiß, was ihm sein Gewissen vorhält. Haben nicht Geschwister ein Anrecht, füreinander „Hüter" zu bleiben, einander zu helfen, füreinander einzustehen? Kains Strategie der verweigerten Brüderlichkeit hält nicht Stand. Abels Blut schreit zum Himmel. Dieser Fluch wird auf Kain lasten. Der Mord an seinem Bruder wird ihn immer verfolgen.

Doch damit endet die Erzählung nicht. Der Leser soll erfahren: Auch mit dem schuldigen Kain bricht Gott den Kontakt nicht ab. Er schützt ihn davor, selber totgeschlagen zu werden. Er gibt ihm ein Schutz-Zeichen. Kain wird Nachkommen haben. Von dem Kains-Sohn Jubal ist vermerkt, dass er Stammvater der „Zither- und Flötenspieler" ist (4,21). Ein anderer Sohn Kains wird zum Vorfahren der „Erz- und Eisenschmiede" (4,22). Doch die Gottes-Frage an Kain wird mitwandern auf den Menschenwegen „jenseits von Eden".

Augenblick

Bei einer Geburtstagswanderung im Wald fehlte auf einmal der Jüngste. Die andern hatten sich köstlich unterhalten; dass der Kleinste fehlte, fiel niemand auf. Erst als sie wieder mit den Rädern losfahren wollten, war er unauffindbar. „Wo ist euer Bruder?" Die Gottesfrage an Kain kam plötzlich in den Sinn. Wie, wenn ihm etwas passiert war? Eine aufgeregte, eine fieberhafte Suche begann. Nein, das wurde keine Geschichte um Mord und Totschlag. Der Kleine fand sich urplötzlich wieder ein, er hatte Heidelbeeren gesucht und ganz die Zeit vergessen. Aber der das erlebt hat, muss immer an die biblische Frage denken, wenn er sich an dieses Kinderdrama erinnert.

„Wo ist euer Bruder?" Nicht immer geht die Geschichte vom verlorenen Bruder so glimpflich aus. Geschwisterkampf und Brudermord durchziehen die Menschheitsgeschichte. „Die Hölle, das sind die anderen" (Jean Paul Sartre). Oder manches Mal eher: Die Hölle, das sind wir für andere? Die einen Bruder nicht aushalten, sondern ihn eher als einen Fremden fürchten, einen Rivalen, einen angeblichen Todfeind bekämpfen. Neid mag ein starkes Motiv sein für die Inszenierung der Abwehr: die Überlegenheit, das Glück, die vermeintlichen Vorzüge der Anderen nicht aushalten können. Lieber Abel aus dem Weg räumen, als mit seinem Erfolg konfrontiert werden.

Wie oft stellt sich, wie bei Kain, der Wahn ein: Die eigene Schuld ließe sich verstecken. Hinter einem Wall des Schweigens verbergen. Noch der organisierte Mord in Auschwitz sollte öffentlich unkenntlich bleiben. Erst 1962 begann der erste Prozess um die Täter von Auschwitz. Die wenigsten fühlten sich schuldig. Sie hatten Befehle ausgeführt. Sie hatten nicht gegen die Vorschriften verstoßen.

Die Frage an Kain bringt die Illusion jeder Strategie des Verbergens zu Tage. Was an Abel geschieht, lässt sich niemals vertuschen. Die Frage Gottes kann noch nach vielen Jahren im eigenen Gewissen aufwachen. „Die klare Sonne bringt es an den Tag." So heißt ein Märchen bei den Brüdern Grimm. Es erzählt von der heimlichen Tötung eines armen Juden. Auf einmal kommt ans Tageslicht, was im Schweigen verborgen sein soll.

AUSBLICK Weiterfragen

Kann ein Mensch, der mir Bruder
und Schwester ist,
eine unerträgliche Last sein?

Kannst du die Sterne zählen? (1. Mose 15,5)

Erster Blick

„Weißt du, wie viel Sternlein stehen an dem schönen Himmelszelt?" Das schöne alte romantische Lied knüpft hier an. Der alte Vater Abraham wird zum Sternengucker.

Gott will ihn beeindrucken mit seinem weiten, schönen Himmelszelt. Erlebnispädagogisch sensationell gut ist das. Beim Versuch, die Zahl der zu erwartenden Nachkommen zu beschreiben, lässt er seinen Musterschüler für den gewagten Glauben himmelwärts schauen. Und er stellt dann die rhetorische Frage, ob er, Abraham, sie denn zählen kann, die Sternlein. Kann er nicht. Weil sie unzählig zahlreich sind. Da weiß man nicht, ob das ein Versprechen oder eine Drohung ist. Auf jeden Fall ist schon mal eines erreicht: Wer wie Abraham zum Sternenhimmel aufblickt, kann nicht länger den Kopf hängen lassen.

Gute Aussichten also.

Zweiter Blick

Abraham hat längst das versprochene Land erreicht. Aber der mit Sara erwartete Sohn hat sich nicht eingestellt. Stattdessen müssen sie Konflikte und Kämpfe bestehen.

Mit 15,1 wendet sich Gott neu an Abra(ha)m. Ja, er schließt mit ihm einen „Bund". In einer „Offenbarung", einem Gesicht, einem Traum wie später bei den Propheten, hört Abraham die Zusage: „Fürchte dich nicht, Abram! Ich bin dein Schild und dein großer Lohn." Und nun soll Abra(ha)m hinausgehen aus seinem Zelt und vernimmt das Wort: „Sieh gen Himmel und zähle die Sterne! Kannst du sie zählen? Und Er sprach zu ihm: So zahlreich sollen deine Nachkommen sein!"

Ein himmlischer Anschauungsunterricht! Von dieser Gottes-Frage kann eine starke Ermutigung ausgehen.

In der Wiener Genesis ist die Szene dargestellt. Diese wohl aus Kleinasien oder Konstantinopel kommende Pergamenthandschrift ist um 500 nach Christus entstanden. In der purpurfarbenen Weite ist keine Landschaft erkennbar. Auch keine Menschen (siehe die Abbildung S. 21).

Ganz allein richtet Abraham seinen Blick hinauf. Als hätte er eben die Frage vernommen. Eine Hand weist ihn auf die Sternenhimmel. „Lauschend und schauend hält der alte Wanderer und Hirte sein Antlitz der Stimme und der Weisung hin, die von oben aus der unendlichen Tiefe der Sternennacht zu ihm kommt" (Johannes Bours). Abraham fasst neu Zutrauen zu dem großen Versprechen.

Augenblick

Diese prachtvolle Sternennacht wird mir unvergesslich bleiben. Mit einer vertrauten Gruppe an der Ligurischen Küste. Wir staunten immer neu zum Himmel hinauf. Niemals hatte ich mit bloßem Auge mehr vom Sternenhimmel gesehen. Und einer, der sich auskannte, erzählte von den Sternbildern: vom großen und kleinen Bären, von den Gestirnen mit fremdem Namen: Arktur, Aldebaran und Antares. „Wie winzig sind da wir Menschen, vor diesem Universum!“, meinte einer. Und ein anderer: „Aber mich drückt dieser weite Himmel nicht nieder, er hat etwas Erhabenes, etwas Erhebendes.“ Noch nach Jahrzehnten freut mich die Erinnerung an diese Sternennacht.

Die Astronomie lehrt immer weiter hinausdenken in die Weiten des Weltraums. Manches lässt sich im Planetarium besser erkennen als es die einfachen Fernrohre früherer Zeiten erlaubten. Aber wie vieles bleibt für Nicht-Experten fast unvorstellbar. Ein Astronom heute meint: „Je mehr wir erforschen, desto mehr wächst das Unerforschte.“

Sollte die unfassbare Weite des Universum als Gleichnis taugen für Gottes eigene Unermesslichkeit? Abraham in der alten Erzählung wurden die Augen von „Gott“ selber geöffnet. Ein zeitgenössischer Poet vermag das astronomische Wissen in einen Psalm, in pures Gotteslob zu übersetzen:

„Lobet den Herrn des Kosmos, | das Weltall ist sein Heiligtum, | mit einem Radius von hunderttausend Millionen Lichtjahren.

Lobt ihn, | den Herrn der Sterne | und der interstellaren Räume,

Lobt ihn | den Herrn der Milchstraßen | und der interstellare Räume zwischen den Lichtstraßen,

Lobt ihn | den Herrn der Atome | und der Vakuen wischen den Atomen …“ (Ernesto Cardenal [1925–2020], Zerschneide den Stacheldraht, Psalm 150).

AUSBLICK Weiterfragen

Kann es sein, dass überall dort, wo wir an extreme Grenzen unserer Möglichkeiten geraten, immer schon Gott auf uns wartet?

Sollte Gott etwas unmöglich sein? (1. Mose 18,14)

Erster Blick

„Nichts ist unmöglich!" Der Werbeslogan weiß gar nicht, dass er sich biblischer Vokabeln bedient. Er fährt stattdessen voll darauf ab, dass ein Auto grenzenlos gut sein soll. Dabei gibt es das Qualitätsmerkmal einer unbegrenzten Möglichkeit urheberrechtlich nur für Gott. Ja, es ist quasi ein Stück göttlicher Identität, dass ihm als einzigem keine Grenzen gesetzt sind, weil er der Schöpfer ist von allem, was lebt. Im Hinblick auf unsere immer wieder schmerzhaft erfahrenen engen Grenzen kann es ein Trost sein, an einen Gott zu glauben, dem nichts und niemand daran hindern kann, ganz und gar für uns da zu sein.

Trotzdem ist es eine immer wiederkehrende Frage, ob es noch immer stimmt, ob es sich wieder herholen lässt, ob es sich tatsächlich auch hier und heute und morgen bewährt, bewahrheitet. An Gottes Allmacht zweifeln wir eben immer doch. Im Hinblick auf allzu viel Ohnmacht in und um uns herum, ist das auch kein Wunder. Also müssen, sollen, dürfen wir es drauf ankommen lassen. Wenn unserem Gott nichts unmöglich ist, dann erträgt er auch unseren chronisch vorhandenen Zweifelglauben. Wir sind ihm womöglich auch nicht unmöglich.

Zweiter Blick

Das beginnt als Geschichte von besonderen Gästen. Sie stellen sich ohne Anmeldung ein, bei Abraham im Hain Mamre. Abraham begegnet hier als Mann großer Gastfreundschaft. Er eilt den Gästen entgegen, lässt ein „zartes, gutes Kalb" schlachten, er bewirtet sie mit seiner Frau Sara.

Von seinem Lebensproblem erzählt er nichts. Die Jahrzehnte sind vergangen, noch immer ist ihm und Sara kein Kind geschenkt worden. Die Gäste sprechen von sich aus das große Thema an. Sie kündigen an: In einem Jahr wird Sara einen Sohn haben. Sara muss heimlich lachen. Ein Kind noch in ihrem Alter? Aber nun hört sie mit Abraham die Frage, die alle Bedenken umwirft: „Sollte dem Herrn etwas unmöglich sein?"

Zum ersten Mal taucht hier ein Motiv auf, das die Bibel durchzieht. Was menschlich unfassbar, unmöglich erscheint, ist für den Gott Israels und Jesu Christi am Ende kein Hindernis. So erfährt es Israel beim schier unmöglichen Auszug aus Ägypten. So hört es Hiob (Hiob 42,2). Maria, die Mutter Jesu, vernimmt diese Zusage (Lukas 1,38). Neu werden es die Jünger Jesu erfahren; „Bei den Menschen ist es unmöglich; aber bei Gott sind alle Dinge möglich" (Matthäus 19,36).

Augenblick

Vieles, was früher unmöglich erschien, hat der technische Fortschritt ermöglicht. „Nie wird ein Mensch fliegen." Das meint ein Bischof, als er vom Absturz des Schneiders von Ulm hört, bei einem frühen Flugversuch mit untauglichen Mitteln. Bert Brecht hat diese scheinbare „Erkenntnis" in einer Ballade festgehalten („Der Schneider von Ulm"). Am Schluss heißt es darin:

„Die Glocken sollen läuten, | Es waren nichts als Lügen, | Der Mensch ist kein Vogel, | Es wird wird ein Mensch fliegen, | Sagte der Bischof den Leuten."

Fliegen unmöglich? In unserer Lebenswelt ist vieles früher für unmöglich Erklärte eine Selbstverständlichkeit. Daran ändert auch die Corona-Krise nichts. In den technischen Revolutionen werden die Schranken des „Unmöglichen" ständig neu überwunden. Das digitale Zeitalter eröffnet Kommunikationsformen, von denen man früher nur träumen konnte. Ein sonderbarer Gedanke: Hätte auch Abrahams und Saras Kinderwunsch beim Stand heutiger Medizin erfüllt werden können?

Aber die Fortschritte ins Reich des früher Unmöglichen hinein sind keineswegs eindeutig. Ständig wächst die Last nicht bewältigter Aufgaben: Die Steilwand des Unmöglichen wird immer höher. Wie werden wir der absehbaren Erderwärmung mit ihren Klima-Folgen entrinnen? Wo zeigen sich Wege, um die Konflikte zwischen Arm und Reich auf Dauer zu lösen? Wie verlässliche Friedens-Konzepte im Nahen Osten erreichen?

Das erfahrene „Unmöglich" dringt auch in persönlichen Lebensentwürfe ein. Wie ein Leben im Einklang finden? „Ist doch alles Quatsch." Nie vergesse ich den Anruf eines Alkoholikers, der wieder fast am Ende war. Auch bei ihm war zu erleben, wie mühsam eine Lebenswendung zustande kam, mit vielen Rückschlägen. Ihm gelang das Unmögliche mit Hilfe seiner Frau, einer langen Therapie, durch den regelmäßigen Austausch im „Blauen Kreuz". Und mit einem neuen Zutrauen zu Gott, der das Unwahrscheinliche möglich macht.

Unsere Chance seit Abraham: Gott kennenlernen als Anwalt des Utopischen, der uneingelösten Hoffnungen. Im 4. Jahrhundert formuliert Zeno von Verona: „Es ist die Eigenart Gottes, das zu wirken, was man nicht glauben kann."

AUSBLICK Weiterfragen

Sind wir nicht selber
Gottes unmögliche Möglichkeit?

Wer gibt die Weisheit in das Verborgene? (Hiob 38,36)

Erster Blick

„Religion gut, Kopfrechnen schwach!“ Der Spruch ist so alt wie ironisch. Er arbeitet mit der gemeinen Unterstellung, dass man entweder gläubig oder schlau ist. Beides zusammen ist ausgeschlossen. Diese Behauptung disqualifiziert den Glauben als handicap in Sachen Intelligenz.

Will sagen: Wer religiös ist, kann so helle nicht sein. Da ist sie wieder, die ewig missverstandene Gegnerschaft von Glauben und Wissen. Dabei ist es doch Gott selbst, der alle Weisheit verwaltet und dem es vorbehalten bleibt, Licht ins Dunkle zu bringen.

Darum fragt er mit einer ziemlichen Überlegenheit, wer außer ihm es denn auf der Rechnung hat, was wir zu wissen imstande sind. Mit Gott müssen wir rechnen, wenn uns das Verborgene nicht länger ein Rätsel bleiben soll.

Zweiter Blick

Warum dieses maßlose Unglück? In endlosen Gesprächen mit drei Freunden sucht Hiob eine Antwort. Aber Elifas, Bildad und Zofar können ihn nicht überzeugen (Hiob 4–27). Auch ein vierter Freund – Elihu – vermag Hiob weder zu trösten noch zu gewinnen (Hiob 32–37).

Auf Gottes Antwort käme es an. Danach hatte sich Hiob gesehnt. Darauf kam es ihm an. Hat er nicht Gott „mit jeder Faser seines Herzens um eine Erklärung für sein unverdientes Leiden angefleht?" (Theresia Mende)

Erst in den letzten Kapiteln des Buches lässt der Erzähler Gott zu Wort kommen. Sogar zwei Gottes-Reden sind erzählt (Hiob 38–39; 40–41). Sie beginnen wie mit einer himmlischen Zurechtweisung Hiobs. Und dann werden die Leser in einen ganzen Wirbel von Gottes-Fragen hineingezogen. Sie umkreisen die Wunder und Abgründe der Schöpfung.

Hier finden wir auch die Frage: „Wer gibt die Weisheit in das Verborgene? Wer gibt verständige Gedanken?" Das will doch sagen: „Verständige Gedanken", ja „Weisheit" sind dem Menschen zugetraut. „Gott" verbietet weder den Verstandesgebrauch noch die forschende Erkundung der Schöpfungsweiten.

Was bedeutet das für den im Leid fragenden Hiob? Eine Art Morgenröte nach vielen dunkeln Nächten? Das bleibt im Buch Hiob seltsam offen. Der Empörer beugt sich vor Gott am Ende. Hiob legt „gewissermaßen die ganze Welt wieder in die Hände Gottes zurück, für den sie da ist, der sie allein trägt und erhält" (Gerhard von Rad).

Augenblick
„Glaubst du noch, oder weißt du schon?" Glauben oder Wissen. Das scheinen Gegensätze zu sein. Man kann das exemplarisch am Umgang mit der biblischen Schöpfungsgeschichte sehen. Schöpfung oder Evolution werden da gerne gegeneinander ausgespielt. Und dabei wird immer der Eindruck erweckt, man müsse sich entscheiden zwischen solidem Verstand und naivem Glauben. Zwischen Weisheit und dem Verborgenen. Man sei entweder aufgeklärt oder unbelehrbar. Mit Grips im Kopf komme nur die Evolution in Frage, mit Brett vorm Kopf nur die alte Bibelversion. Dabei geht es darum, zu glauben, ohne den Verstand dabei zu verlieren. Große Wissenschaftler wie Darwin, Kepler, Newton, Leibnitz oder Max Plank sind nicht nur in ungeheuerliche Verborgenheit vorgedrungen und haben Erkenntnisse gewonnen und vermittelt, sondern sie sind bei alledem von einer tiefen Gottgläubigkeit durchdrungen. Am Ende aller Überlegungen steht für sie Gott als größte anzunehmende Antwort. Je mehr Weisheit, desto mehr Staunen. Die Schöpfungsgeschichte hat noch nie wissenschaftlich beschreiben wollen, wie die Entstehungsgeschichte des Universums passiert ist, sondern immer schon als Hymne auf den Schöpfer ausschließlich bekennen wollen, dass Gott allein alles kann und macht. Ihm ist alles möglich. Ja sogar das Glauben und Verstehen miteinander zu verknüpfen, ja zu ermöglichen. Wenn Gott Gott ist, dann ist er auch zuständig für unsere Fort- und Weiterbildung. Herz und Verstand sind beides seine uns eingepflanzten Organspenden.
Astronauten, die von außerhalb einen Blick auf diesen schönen blauen Planeten Erde haben werfen dürfen, kehren in der Regel nicht nur klüger, sondern auch bewegter zurück und haben mit neuer Perspektive die Verletzbarkeit und Kostbarkeit der Schöpfung im Blick. Mag sein, dass die Naturwissenschaften zuerst eine gewisse Entzauberung der Schöpfung gebracht haben, am Ende aber ist daraus eher eine neue Verzauberung geworden. Da, wo sich Himmel und Erde berühren, bekommen wir eine leise Ahnung von der Unendlichkeit Gottes. Bescheiden und Nachdenklich macht doch auch die Tatsache, dass die Sterne, die wir heute am klaren Himmel so sehen, wie sie vor über zwei Millionen Jahren ausgesehen haben. Denn so lange ist das Licht unterwegs, um bis zu uns zu gelangen. Es gibt eben mehr als es gibt im Hier und Heute. Gott ist höher und weiter als unsere Vernunft und unser Verstand.

AUSBLICK Weiterfragen

Weißt du noch
oder glaubst du schon?

Bin ich nur ein Gott, der nahe ist? (Jeremia 22,23)

Erster Blick

„Näher mein Gott zu dir!", heißt das alte Lied. Mehr Nähe wäre gut. Nicht so weit weg bitte. Aber Gott ist hauptsächlich weit weg, könnte man meinen. Es liegt ihm ziemlich fern, uns ganz nah zu sein. Oder?

Und ihm liegt offenbar auch gar nicht daran, immerzu die Nähe zu uns zu suchen. Er mag es wohl gern, sich zu entfernen und von weitem auf uns zu schauen. Da hat er wohl mehr Überblick. Mit Abstand durchschaut man am besten die großen Zusammenhänge. Bei Weitem weiter weg als wünschenswert wäre, ist er gern.

Zu viel Nähe ist ja auch manchmal unerträglich. Wir suchen ja auch manchmal das Weite, um uns zu erholen von zu viel Nähe. Es gehört zu Gottes souveränem Sein, fern zu sein.

Das stärkt unsere Sehnsucht auch. Wenn wir ihn vermissen, suchen wir mehr nach ihm, oder? Allerdings ist er mit Jesus doch ziemlich viel näher gekommen, hat es sich nahegehen lassen, das ganze Menschenleben. Annäherungsversuche gibt es also schon.

Und damit muss man bekanntlich sehr vorsichtig sein …

Zweiter Blick

Kaum einer der Propheten Israels hat so gründlich die Gottes-Ferne durchlitten wie Jeremia. Er wird Zeitzeuge vom Untergang des Königreichs. Und dann von der Zerstörung des heiligen Tempels in Jerusalem durch die babylonische Siegermacht.

Jeremia hatte lang zur Umkehr gerufen. Den professionellen Heils-Verkündern wurde er zum Ärgernis. Er beschwor sein Volk, sich nicht auf äußere Sicherheiten zu verlassen, nicht Wunschträumen nachzuhängen. An die Heils-Propheten ist zunächst seine Frage gerichtet: „Ist Gott nur ein Gott, der nahe ist oder nicht auch ein Gott, der ferne ist?"

Damit provoziert Jeremia nicht nur nach außen, hin zum Volk, das Sicherheit sucht und nichts von Katastrophen hören will. Dass Gott sich entzieht und wie unzugänglich wird, hat Jeremia am eigenen Leib, in der eigenen Seele erfahren. Davon geben die Gebete Zeugnis, die in das Buch Jeremia eingestreut sind. Bekenntnisse, „Konfessionen". Sie zeigen die innere Verstörung, die erlittene Gott-Verlassenheit, die den Propheten niederwirft. Ratlosigkeit, die nicht weichen will.

Erst in weiter Ferne sieht Jeremia das Kommen eines neuen Gottesbunds, bei dem gelten wird: „Es wird keiner den andern noch ein Bruder den andern lehren und sagen: erkenne den Herrn, sondern sie sollen mich alle erkennen, klein und groß, spricht der Herr" (Jeremia 31,31–34). Jeremia selber wird diese Zeit nicht erleben.

Augenblick 1

Einen fernen Gott können auch die erleben, die ihm treu sein wollen. Das ist für mich das Unheimliche in Jeremias Frage: Er, der ehrliche Dolmetscher von Gottes Willen, erfährt den freundlich zugewandten Gott himmelweit entfernt. So viele nach Jeremia sind einem Gott begegnet, den keine Gebete um Hilfe erreichen. Im Juli 2019 schreckte mich eine ARD-Sendung auf. Wieder ein Bericht von Bombenangriffen in Syrien. In einem zertrümmerten Haus hatten sich zwei Mädchen im vierten Stock gerade noch an einer Ecke festhalten können. Ein Onkel versuchte mit aller Kraft, den Kindern zu Hilfe zu kommen. „Ich betete: Gott, hilf mir doch, dass sie gerettet werden!! Immer wieder." Aber er kam zu spät, die Mädchen fielen in die Trümmer hinunter und kamen ums Leben.

Er war wohl ein gläubiger Moslem, von dem da berichtet wurde: Aber wie kann jemand zum Gottes-Vertrauen zurückfinden, dem solches geschieht?
Ein Gott, der stumm bleibt und auf verzweifelte Fragen die Hilfe verweigert? Vielleicht beginnt so etwas wie Hilfe, dann zu erleben, wie andere Menschen die antwortlosen Fragen mit aushalten. Ohne Antworten aus ihrem Glauben schnell anzubieten. Gemeinsam den fernen Gott aushalten: kann ER so wieder nahe kommen?
Und wenn Gott selber mitleidet mit den Leidenden? Immer wieder haben KZ-Überlebende diese Frage gestellt. Besonders eindrücklich für mich Eli Wiesel. Überlebender in Auschwitz und großer Autor, hat Wiesel sein Leben lang mit dieser Frage gekämpft. In seiner Autobiographie „Alle Flüsse fließen ins Meer“ steht eine kleine Betrachtung „Der leidende Gott“. Am Ende gibt Wiesel eine Erzählung aus dem Midrasch an: „Gott habe, als er die Leiden seiner unter alle Völker verstreuten Kinder erblickte, zwei Tränen vergossen, die in den Ozean fielen. Die Tränen machten einen solchen Lärm, dass man es vom einen Ende der Welt bis zur anderen hören konnte.“ Wiesel fügt hinzu: „Ich liebe es, diese Geschichte immer wieder zu lesen. Und ich sage mir: Vielleicht hat Gott mehr als zwei Tränen vergossen, als Er die Tragödie seines Volkes in unserem Jahrhundert erblickte. Doch aus Feigheit haben sich die Menschen die Ohren zugehalten. Ist dies endlich eine Antwort? Nein, es ist eine Frage. Eine Frage mehr.“

Augenblick 2

Wir sind aufgebrochen zum Bergwandern. Im Herbst. Mit der Sehnsucht nach Licht und Farben und guten Aussichten. Mit der Lust auf herrliche Pfade und wohlverdienten Überblick. Mit Appetit auf den Eintopf der Berghütte und den Jagertee.
Wir kommen an und alles ist grau und nebelverhangen. Die Berge, so versichern und die Gastgeber, seien noch da. Aber sie seien im Augenblick etwas scheu und würden sich verhüllen im verschwebenden Schweigen.
Wir warten die ganze Woche darauf, dass der Himmel endlich aufreißt und uns den Blick frei gibt auf die hohen Gipfel. Nichts passiert. Unsere Versuche, im trüben Novemberlicht doch ein paar Touren zu riskieren, führen nicht weit. Es ist gar zu nass und kalt und unwegsam überall. Zumindest für uns und unsere Kondition.

So reisen wir am Ende wieder ab und fahren nachhause, ohne einen einzigen freien Blick auf die Bergwelt und ihre ganze Schönheit. Kein Leben außer Nebel. Natürlich glauben wir auch, dass alles noch da ist, was wir uns in den letzten Wanderurlauben vertraut gemacht haben. Aber gesehen haben wir nichts davon.

Im Nebel tappen, in der Ungewissheit, ohne Durchblick und himmelweite Aussichten, das kommt nicht nur beim Wandern vor. Das passiert uns auf unserem Lebensweg auch andernorts in anderen Zusammenhängen und unter allen umständlichen Umständen.

Und mit Blick auf Gott und seine himmelhohe Weite ist diese Erfahrung allemal Teil unserer Wanderung durchs Leben.

Es gibt zwar immer welche, die behaupten beharrlich, er sei nach wie vor da und dort. Aber es ist ein verhängnisvolles Fernsein und Verbleiben in Unsichtbarkeit. Das Grau in Grau des Glaubens ist unvermeidlicher Teil jeder Glaubensbiographie. Mitunter ist da kein Stern der leuchtet und kein blasser Schimmer von Hoffnung. Lichtblicke oder gar Durchblicke, klare Sicht und Überblick Fehlanzeige. Novemberzeiten. Keine gute Sicht. Aussicht, Einsicht, Zuversicht. Nicht in Sicht.

Gott ist nicht nur nah. Für unsere Wahrnehmung viel zu selten ist er das. Es wird uns zugemutet, ihn hinter dem Nebel aller Undurchschaubarkeit unserer Berg- und Talfahrt, ihn zu vermuten. Unsichtbar da, das ist er vor allem und meistens. Fernwärme ist auch Wärme. Aber sie macht mehr trüb als selig.

Wir haben übrigens in dieser Nebelwandwoche auch keine Ansichtskarten verschickt. Das schien uns jetzt doch ziemlich unangebracht…

AUSBLICK Weiterfragen

Wird Gott in Zukunft nur noch
unter „ferner liefen“ angesehen?

Meinst du, dass ich Gefallen habe am Tod des Gottlosen? (Hesekiel 18,23)

Erster Blick

„Das geschieht dir recht!", sagen und denken wir, wenn sich jemand sein Unglück hart erarbeitet und verschuldet hat.

„Selber schuld!" kommt dann triumphal von allen Seiten und gibt den Betroffenen noch den Rest. Es gibt so etwas wie einen erheblichen Lustgewinn am Scheitern der Anderen. Und es gibt so etwas wie eine menschenverachtende Überheblichkeit im Umgang mit denen, die sich vom Glauben verabschiedet haben und Gott losgeworden zu sein scheinen.

Aber Gott selbst beteiligt sich an diesem Lynchgedanken überhaupt nicht. Ihm gefällt es überhaupt nicht, wenn Menschen ins Verderben laufen, sich heillos verirren oder um das Geschenk des Lebens bringen. Wenn Menschen tausend Tode sterben, dann ist Gott der Letzte, dem das Spaß machen könnte. Ihm liegt daran, dass alle seine Geschöpfe es schaffen, ihren Weg ins Leben zu finden.

Zweiter Blick

Auch das Prophetenbuch Hesekiel führt, wie das des Jeremia, die Leser hinein in eine Katastrophe. Hesekiel selber gehört zu den Deportierten, die nach der ersten Niederlage gegen die Babylonier vom Heiligen Land in die Fremde gezwungen wurden. Aus der Ferne aber wird er mit Gottes Blick und Wort das Geschehen in Judäa begleiten. Er weiß sich von Gott „zum Wächter gesetzt über das Haus Israel" (3,17). Ein undankbarer, ein furchtbarer Auftrag. In großen Gleichnissen (etwa in Hesekiel 17 und 19) zeigt er auf, was geschehen wird, wenn die Umkehr ausbleibt: die endgültige Zerstörung des Tempels, die Gefangenschaft des Königs, die Vertreibung noch größerer Massen des Heiligen Volkes.

Viele der Jüngeren beklagen sich offenbar. Die Väter haben Schuld auf sich geladen, sagen sie, aber sie, die Söhne und Töchter müssen die Folgen tragen. Oder mit einem bitteren Sprichwort: „Die Väter haben Trauben gegessen, aber den Kindern sind die Zähne davon stumpf geworden" (18,2).

Der Prophet nimmt diese kritischen Einwände auf. Er bringt eine andere Sicht in die Debatten. Ein anderes Bild von Gott? Der Gott Israels wird nicht kollektiv die Unbeteiligten strafen. Ja, Er hat nicht das geringste Interesse „am Tod des Gottlosen" (18,23). Die Frage zeigt eine neue Chance auf: Wer Umkehr sucht, wird Zukunft finden. Die letzten Kapitel entfalten die Vision von einem neuen Tempel, einer neuen Gottesstadt, voll neuer „Herrlichkeit" (40–48).

Augenblick

Manches Mal hilft nur hart durchgreifen, meinen viele. Gewalttäter verstehen keine andere Sprache. Sie brauchen eine gerechte Strafe, schon um der zum Opfer Gemachten willen.

Muss Gott auch Gewalt anwenden? „Er stößt die Gewaltigen vom Thron..", heißt es ausgerechnet im Psalm Mariens, der Mutter Jesu (Lukas 1,52) Will Gott das Recht durchsetzen, wird er gegen Gewalttäter nicht sanft bleiben können. Sogar in den zehn Geboten hören wir von Ihm, „der die Missetaten der Väter heimsucht bis ins dritte und vierte Glied bei denen, die mich hassen …" (2. Mose 20,5). Das Bild vom strafenden, vom Gott der Gewalt, findet viel Zustimmung, so lange es gegen andere geht.

Ganz anders sieht es aus, wenn wir entdecken, wie viel „Gottloses" in uns selber steckt. Ja, in meiner eigenen Seele mit ihren Abgründen und Widersprüchen. Eine reine Weste vor dem heiligen Gott: Wer kann sie schon vorweisen? „Ich bin nicht besser als meine Väter", sagt der Prophet Elia im Augenblick der schonungslosen Selbsterkenntnis (1. Könige 19,4). Manche haben den Satz nachsprechen müssen, auch bei der Erkenntnis der Schuld unsrer Väter und Großväter in der Nazi-Zeit. Haben wir es nicht irgendwie verdient, dass Gott uns fallen lässt?

Da wirkt es wie eine unendlich befreiende Wendung, von dem Gott zu erfahren, der nicht gnadenlos straft. Auch nicht in Corona-Zeiten. Der die Jüngsten nicht zur Rechenschaft zieht für alles, was die Generationen davor versäumt haben. So ruft es Hesekiel aus als Gottes Wort. Mit Seiner Autorität. Gewaltlos. Fragt sich nur, wie weit wir einen Gott aufnehmen und aushalten, der auch uns Gottlosen ins Leben helfen will.

AUSBLICK Weiterfragen

Sollte es so schwer sein,
das Zerrbild vom hart
strafenden Gott zu überwinden ?

Wer sollte dich nicht fürchten? (Offenbarung 15,4)

Erster Blick

Gottesfurcht ist eine vom Aussterben bedrohte Haltung. Wir haben den lieben Gott solange einen guten Mann sein lassen, ihn kleingeredet, ihm eine betörende Harmlosigkeit attestiert, ihn vergessen und dann vergessen, dass wir ihn vergessen haben.

Vor dem muss sich doch niemand mehr fürchten. Er ist egal, aus der Welt, überflüssig. Ehrfurcht – das war einmal. Als Gott noch die Ehre gegeben wurde. Museal lange her. Niemandem mehr wird es angst und bange, bei dem Gedanken, man könnte heute Gott begegnen und wäre womöglich überrascht, wie furchterregend er daher kommt.

Wenn uns nichts mehr heilig ist, dann braucht auch niemand Furcht und Zittern haben vor Gott. Der tut doch nichts! Der will nur lieben. Will der nur lieben? Ich fürchte, ja!

Zweiter Blick

Mit dieser Frage beginnt ein sonderbares Lied, vom Himmel her. Während sich auf der Erde die Katastrophen häufen, hört der Seher einen himmlischen Zwischengesang. Er kommt aus Gottes Welt, von denen, die die irdischen Kämpfe überwunden haben. Sie singen das „Lied des Mose" und das „Lied des Lammes", des siegreichen Christus.

Gott zum Fürchten? Kein Buch des Neuen Testaments enthüllt so viele Katastrophen, Gerichte und Untergänge, die Erde und Menschheit treffen werden: sieben Siegel (6–8), sieben Posaunen (8–11). Dann werden, in neuer Steigerung, sieben Schalen „des Zorns" ausgeschüttet (16). Mit verheerenden Folgen für die Erde.

Trotzdem will die Johannes-Offenbarung keine Panik verbreiten. Sie ist im Kern ein prophetisches Trostbuch. Darum sind immer weder Blicke hinauf in den Himmel eingestreut. Dorthin, „wo jenseits von Leid und Tränen die himmlischen Chöre Gottes Sieg preisen" (Eduard Lohse). „Gott fürchten" hat darum einen anderen Sinn als Angst-Verstärkung. Gott fürchten hieße dann: den Abstand achten zwischen Erde und Himmel, zwischen unseren und seinen Möglichkeiten. Am Ende siegt mit Christus die Ehrfurcht über die Angst.

Augenblick

Die Zeiten sind vorbei, fürchte ich. Die Zeiten der Ehrfurcht vor Gott. Oder? Wir haben den lieben Gott doch bis zur betörenden Harmlosigkeit verniedlicht. Er ist doch der liebe Gott und damit raus aus dem Spiel. Degradiert. Kuschelweich gespült.

Dabei ist er das gar nicht. Nicht nur, jedenfalls. Lieb. War er nie. Wird er nie sein. Nur lieb. Wer das behauptet, verbreitet das jüngste Gerücht! Gott ist nicht nur lieb. Er ist auch anders. Ganz anders. Erschreckend anders. Unbegreiflich anders. Zum Verzweifeln anders. Er ist manchmal sogar so wenig lieb nur, dass wir ihn gar nicht mehr gut finden.

Wer Näheres erfahren will, befrage seinen eingeborenen Sohn, Jesus Christus. Der weiß Bescheid wie kein Zweiter. Der kennt sich aus mit Kreuz und Rätseln rund um den lieben Gott. Der hat auch mit ihm seine liebe Not gehabt. Es ist nicht alles himmlisch schön, wenn es gottvoll wird. Dann ist Zeit für Ehrfurcht.

Wenn uns der Schöpfer näherkommt mit seinem Liebeskummer, seinem Zorn, seiner Eifersucht, dann Gnade uns Gott! Die Bibel spricht da gerne von „Furcht und Zittern".

In Gottes Nähe kann es furchtbar werden, wird da erzählt. Da zieht es so manchem Gottsucher die Schuhe aus, da brennt der Busch. Im Umgang mit Gott ist es eine Frage der Aufrichtigkeit, ihn nicht für anspruchslos und harmlos zu halten. So wird man Gott los.

Unser Gottesbild, das wir inflationär in Umlauf gebracht haben, es strotzt nur so vor Unverbindlichkeit. Der Heilige Geist ist aber noch nie nur heiße Luft gewesen. Eher Feuer und Flamme.

Da haben wir all die Jahre ohne Furcht und Zittern den lieben Gott einfach einen guten Mann sein lassen, ihn auf seine grenzenlose Großherzigkeit festgelegt, was seine Nachsicht betrifft keinerlei Rücksicht genommen und einfach vorausgesetzt, dass er es schon richten wird, ohne zu richten.

„Wer sollte dich nicht fürchten?" fragt die Bibel. Und sie meint: Hört nicht auf, zu beachten, dass die Beziehung zu Gott auch zieht und zittert und schwankt und bangt. Furcht meint ja nicht Angst, sondern Respekt, Ehrerbietung.

Wer Ehrfurcht vor Gott bekommt, hat auch den Ehrgeiz der Fürsorge für die Welt

AUSBLICK Weiterfragen

Kann Ehrfurcht wieder
eine Brücke zu Gott sein?

MENSCHEN-FRAGEN

Sturm auf dem See

Miniatur aus dem Hitda-Evangeliar, um 1020

Weiterfragen

Warum hat Gott uns das angetan? (1. Mose 42,28)

Erster Blick

Unsinnig erscheint uns mitunter, was wir durchmachen, was uns widerfährt, was uns zugemutet wird. Wir können beim besten Willen nicht erkennen, wozu das gut sein soll, wenn wir leiden und unglücklich sind. Kein Sinn ist im Unsinn, der uns am Leben hindert, es uns schwer macht.

Und dieses elende WARUM schleudern wir Gott entgegen, vorwurfsvoll, empört, verzweifelt, ratlos. Menschen können nicht begreifen, was der unbegreifliche Gott da tut, zulässt. Gott als Komplize des Bösen macht es uns schwer. Schwer an ihn zu glauben.

Zu glauben, dass er es gut mit uns meint. Das ist nicht der liebe Gott. Ganz im Gegenteil. Überhaupt muss die Frage erlaubt sein, ob der liebe Gott überhaupt lieb ist, jemals war, jemals sein wird. Wir erleben ihn eher in seiner brutalen Art und Weise, seinen Menschen das ganze Leben und Sterben anzutun.

Es wird vorerst offen bleiben müssen, ungelöst, unbeantwortet, warum so viel Unsinn in der Welt ist. Bis sich uns eine sinnvolle Antwort erschließt, bleiben wir einigermaßen ratlos zurück. Mit mehr Mühe, als selig.

Zweiter Blick

Die Brüder hatten Joseph aus dem Weg geschafft. Dass er nach Ägypten kam und dort zum Ratgeber des Pharao aufgestiegen war, wussten sie nicht. Nun treibt sie der Hunger nach Ägypten. Sie bitten den einst verstoßenen Bruder, den sie nicht mehr kennen, um Hilfe.

Mit großer Erzählkunst ist das Drama der Wiederbegegnung gestaltet. Joseph verdächtigt seine Brüder zum Schein als Spione. Er lässt sie erst ziehen, als sie versprechen, den jüngsten Bruder Benjamin mitzubringen. Simeon, der Älteste, muss als „Pfand" in Ägypten bleiben. Das alte Unrecht an Joseph beginnt die Brüder zu belasten. Als sie schon auf dem Rückweg sind, entdecken sie: Auf den Getreidesäcken liegt das Geld, mit dem sie bezahlen wollten. Sie haben also, ohne ihr Wissen, gar nichts bezahlt. Wird das schlimme Folge haben? Werden sie als Betrüger beschuldigt werden? Diese Befürchtung treibt sie in Angst und Schrecken. „Da entfiel ihnen das Herz." Sie wissen um ihre Schuld und fragen doch: „Warum hat Gott uns das angetan?"

Die Warum-Frage findet lange keine Antwort. So wie bei Mose (2. Mose 5,23), bei Hiob (3,20), bei dem Propheten Jeremia (15,18) gestellt. Es dauert lange, bis Joseph und seine Brüder sich versöhnen können (1. Mose 50,20).

Augenblick

Eine Frage auf Todesanzeigen, so habe ich sie mehrfach erlebt. Aus der Bestürzung über einen jähen und unbegreiflichen Abschied. Ein Unfalltod. Ein Suizid. Die plötzliche Trennung nach langer Gemeinsamkeit. Die schwere Krankheit eines Kindes. Gott, der Helfer, der Beistand, der Tröster? Auf einmal ist alles in Frage gestellt. Auch bei denen, die im Gauben festen Halt zu finden meinten.

Auch gut gemeintes Zureden und Trostversuche können kaum durchdringen. Die Warum-Frage wird nicht mit Vernunftgründen ausgeredet werden. Den Brüdern Josephs hilft es nicht, dass der Erzähler die Konfliktgeschichte mit dem Bruder Joseph am Ende versöhnlich ausgehen lässt. Jetzt ist ihr ganzes Lebenshaus zusammengebrochen, jetzt breitet sich Angst aus.

Noch schlimmer, wenn die Schuldfrage hineinspielt. Hatten sich Josephs Brüder nicht sträflich an ihm versündigt? Und wie, wenn es vor dem Unfalltod eine heftige Auseinandersetzung gab? Wenn wichtige ärztliche Untersuchungen zu lang aufgeschoben wurden?

Die Warum-Frage stellt sich nicht nur im Augenblick des ersten Schreckens. Sie kann lange im Untergrund quälen. Wohlmeinende Nachbarn sagen längst: „Jetzt ist das alles schon Monate her. Du musst wieder unter die Leute gehen." Vielleicht kommt der Wunsch sogar von dem Leidenden selber: wieder einen neuen Anfang machen können. Aber die Seele in ihrer Trauer schafft es nicht, über das Geschehene hinwegzukommen. Sie folgt ihrem eigenen Rhythmus. Und manches Mal bleibt die Warum-Frage auch verschlossen vor Familie und Freunden. Geteiltes Leid ist halbes Leid?

Wie gut kann es trotzdem tun, jemand zu kennen, der im Gestrüpp ungelöster Fragen mit ausharrt, einfach zuzuhören versucht. Ohne den eigenen Glauben aufzudrängen. Gott selber zutraut, irgendwann Wege ins Offene aufzutun.

AUSBLICK Weiterfragen

Werden unsere WARUM-Fragen
im Himmel endlich beantwortet?

Warum gibt Gott das Licht den Mühseligen? (Hiob 3,20)

Erster Blick

Hiob spricht hier. Hiob, das ist der Modellathlet für biblische Pleiten, Pech und Pannen. Hat alles, verliert alles. Kann nichts dafür. Ist unschuldig, weil fromm und gerecht.

Aber seine Freunde sind davon überzeugt, dass so was von so was kommt, Hiob also bekommt, was er verdient. Das macht den Hiob vollends verrückt.

Und er streitet mit seinem Gott. Auf Biegen und Brechen ringt er um sein gutes Recht auf Unschuldig sein und doch leiden müssen. Und schließlich diese Frage. Wenn schon alles verloren ist, warum muss ein Mühseliger denn weiter leben.

Wenn schon alles finster und vergeblich ist, warum muss Hiob dann weiter leben, er ist doch so lichtempfindlich. Sieht doch so schwarz. Hat doch keinen Hoffnungsschimmer. Das zugemutete Weiterleben kann brutal hart sein.

Da möchten Menschen ihren geliebten Verstorbenen am liebsten nachsterben und doch wird es morgens wieder hell, schalten die Ampeln auf grün – und niemand hält die Welt an, damit sie aussteigen können. Warum?

Zweiter Blick

Die Warum-Frage durchzieht das ganze Buch Hiob. Am schärfsten ist sie in diesem dritten Kapitel aufgeworfen. Der Mann, der alles verloren hat, Söhne und Töchter, Herden und Häuser, die eigene Gesundheit: Da sitzt er entstellt, „mit bösen Geschwüren von der Fußsohle bis auf seinen Scheitel" (3,7). Vom Glück des frommen Mannes ist nichts geblieben als das nackte Leben im Elend.

Warum tut sein Gott ihm das an? Verwirrt und betäubt versucht Hiob, die Fassung zu bewahren. „Der Herr hat's gegeben, der Herr hat's genommen, der Name des Herrn sei gelobt" (1,21). Dann aber bricht das Leiden über ihn herein und überschwemmt seine Seele. Auch Anklagen werden laut gegen Gott, der so mit seinen Getreuen umgeht. Hiob wird zum Sprecher aller, denen das eigene Dasein zur Last geworden ist. Zur Qual.

Die Stimme Hiobs ist in diesem biblischen Buch nicht zum Schweigen zu bringen. Auch nicht durch die Trost-Versuche der Freunde, die bei dem Leidenden ausharren und ihm Erklärungen anbieten. Kein Mensch kann Hiobs Leid erklären und seine Warum-Frage stillen. Hat Gott ihm nicht Unrecht getan? „Hiob fühlt sich Gott gegenüber im Recht und beteuert fortgesetzt seine Unschuld" (Gerhard von Rad). Das Buch endet mit zwei Gottes-Reden (38–42) Aber findet die Hiob-Frage jemals eine Antwort?

Augenblick

Das Licht am Morgen ist oft eine Wohltat. Das Glück eines neuen Junimorgens! Ein ermunterndes Licht: „Morgenlicht leuchtet, rein wie am Anfang. | Frühlied der Amsel, Schöpferlob klingt. | Dank für die Lieder, Dank für den Morgen, | Dank für das Wort. Dem beides entspringt" (Jürgen Henkys nach dem englischen ‚Morning has broken …', Evangelisches Gesangbuch Nr. 455). Andere erinnern sich an manches ermunterndes Licht im Dunkeln, an Gespräche im Kerzenschein.

Hiob und seinesgleichen erleben alles anders. Jeder Morgen ist für sie eine Qual, schon das Aufstehen schaffen sie nur mit Mühe. Von beruhigenden Nacht-Gesprächen bei Kerzenschein können sie nur träumen.

Ich denke an ganz bestimmt Schicksale. An die Frau, die seit einem ganzen Jahr ihren Mann in der Klinik besucht, der weder sprechen noch ohne Mühe schlucken kann. Das soll noch ein Leben sein? Sie fühlt sich am Rand ihrer Kräfte. Ihre Frage heißt immer wieder: „Was haben wir denn getan, dass es uns so elend ergeht? Gerade wer sich an Gott halten wollte im Leben, stellt die „Warum"-Frage immer neu. Der gibt das Fragen irgendwann auf „Deine Stimme ist stumm geworden, denn sie hat zu viel Warum gefragt …" (Nelly Sachs).

Bei Hiob gewinnt diese immer neue Menschheitsfrage eine eigene Stimme, die sich nicht zum Schweigen bringen lässt. Zvi Kolitz hat sie 1946, zeitlich nahe an den KZ-Gräueln, aus der Sicht der trotzdem Glaubenden gestellt. Der Rabbi ruft Gott am Ende zu: „Du hast alles getan, dass ich an Dir irre werde, dass ich nicht an Dich glaube. Ich sterbe aber gerade so, wie ich gelebt habe, als unbeirrbar an Dich Glaubender … Ich werde Dich immer liebhaben, immer – Dir selber zum Trotz!" (Zvi Kolitz, Jossel Rakovers Wendung zu Gott)

AUSBLICK Weiterfragen

Wie lernen wir bei Mühseligen auszuhalten, ohne Antworten zu kennen?

Was ist der Mensch? (Psalm 8,5)

Erster Blick

Ich bin mir gar nicht mehr so sicher, ob Gott noch an uns glaubt. Es könnte doch sein, dass nicht wir unseren Gott unglaublich finden, sondern er uns. Menschenskind, wie schlimm wär das doch, wenn Gott nicht mehr an uns denken möchte. Wer sind wir denn, dass wir das voraussetzen, unterstellen, erwarten könnten. Die Frage ist atemberaubend für mich. Dass der große Gott keine Lust mehr haben könnte, sich länger mit uns zu beschäftigen. Weil es einfach keinen Spaß mehr macht, uns bei der Arbeit am Untergang unserer selbst zuzusehen. Der alte Psalm mit seiner außergewöhnlichen Frage ist ganz schön neu und aktuell. Was ist der Mensch, dass er erwarten und vorrausetzen könnte, dass es einen Gott gibt, der auch nur einen Gedanken an uns verschwendet.

Und doch tut er es wohl noch immer. Da nehme ich diesen Jesus ganz ernst. Und der hat behauptet, wir lägen unserem Gott am Herzen. Gott glaubt an seine Menschen.

Wenn das stimmt, noch immer stimmt, dann halte ich den Atem an und frag mich, was das bedeutet …

Zweiter Blick

Wie wenig zählt der Mensch in den Weiten des Universums! Je weiter die Teleskope reichen, desto kleiner die Erde, desto bedeutungsloser der Mensch. Ein Staubkorn. Eine Eintagsfliege. Ein reines Nichts.

Wer ist der Mensch? Die Frage in diesem Psalm-Hymnus bietet eine Überraschung. Sie reißt nicht hinunter in den Abgrund der Bedeutungslosigkeit. „Du hast ihn wenig niedriger gemacht als Gott." Der Mensch, hinaufgehoben auf die Höhe Gottes, „wenig niedriger" als Gott selber.

Dem Menschen sind Tiere anvertraut, auf der Erde. Aber auch die „Vögel unter dem Himmel und die Fische im Wasser". Menschliche Herrschaft soll nicht die Mitgeschöpfe ruinieren. Ihr Maß nimmt sie von Gottes Fürsorge für diese Welt. Menschliche Größe wird praktisch in gelebter Fürsorge. Der Psalm beginnt und endet mit einem Jubel auf Gottes Herrlichkeit: „Herr, unser Herrscher, wie herrlich ist dein Name in allen Landen!"

Am schönsten in diesem Psalm: Die Gottes-Herrlichkeit weckt alle guten Geister in uns auf. Mit der Fähigkeit, verantwortlich zu handeln auch die Kraft zum Lobpreis Gottes in seiner Schönheit und Größe. Sogar die „jungen Kinder und Säuglinge" sind an dem Gotteslob beteiligt. Vielleicht ist damit auch das gedrückte und klein gehaltene Gottes-Volk selber gemeint (Erich Zenger). Im Ja zu Gottes Herrlichkeiten werden wir selber schön und voller Würde.

Augenblick

Was ist der Mensch? „Ein Flüchtling am Rande des Universums." Ich erinnere mich an den Schreck, als ich zum ersten Mal diese Einschätzung hörte. Sie kommt von dem französischen Mikro-Biologen Jaques Monod (1910–1976). Der Mensch am „Rande des Universums, „das für seine Musik taub ist und gleichgültig gegen seine Hoffnungen ..." (Zufall und Notwendigkeit). Sind wir so marginal und so nichtswürdig nach den Maßstäben eines gigantischen Universums?

Was ist der Mensch? „Nach mir fragt eh keiner." Immer wieder ist dieses trostlose Fazit zu hören. Nicht nur von einsamen älteren Menschen. Das zehrende Gefühl eigener Belanglosigkeit kann sich einstellen, auch ohne wissenschaftlichen Blick hinaus in Weiten des Alls. Mir fielen die Angehörigen der Tsunami-Opfer ein von Weihnachten 2004. Sie finden keine Antwort, warum Hunderttausende in den Flutwellen das Leben verloren. Mit ihrem Schmerz halten sie fest, dass wenigstens für sie die verlorenen Angehörigen nicht vergessen sind. Manche Schrecken der Corona-Monate werfen ähnliche Fragen auf.

Was ist der Mensch? In dem Psalm 8 klingt die Frage weder verstört noch todtraurig. Eine ganz andere Spur wird sichtbar. Der die Psalm-Frage aufwirft, wird nicht von den Katastrophen- und Leidensgeschichten niedergestreckt. Er hebt den Kopf hoch, er ist von einem Staunen durchdrungen, das nach oben zieht. Sollte das möglich sein: die Frage nach dem Menschen stellen als Resonanz auf ein unerwartetes Gedenken? Manches Mal erlebe ich das im alltäglichen Nahbereich: „Ach, dass Sie (noch) an mich denken!"

Wie erst, auf ein Gedenken vertrauen zu können, das von weiter her kommt? Ein Gottes-Gedenken, der uns nicht unsere Geringfügigkeit spüren lässt. *Gott*, der sich am Kinderlachen erfreut. „Der aus dem Mündern von Kindern | eine Kraft aufbaut, eine Burg von Liedern, | wo sie ihren Schändern entkommen" (Huub Oosterhuis). Was für eine Chance: durch Sein Gedenken aufgerichtet werden. Auf Augenhöhe mit dem Schöpfer kommen. Der uns Verantwortung für diese Erde zuspricht. Immer noch, immer neu. Der uns die Herrlichkeiten des Lebens ahnen lässt und darin Seine eigene Herrlichkeit?

Ein Wunschtraum? Eine vergebliche Sehnsucht? Ich möchte aus dem Psalm eine inspirierende Frage aufheben.

AUSBLICK Weiterfragen

Sind wir nicht darum Menschen,
weil Gott an uns denkt?

Mein Gott, mein Gott, warum hast du mich verlassen? (Psalm 22,2)

Erster Blick

Corona – das Virus ist da. Hat uns überfallen. Unsichtbar und überall gleichzeitig. Eine neue Zeitrechnung ist angebrochen. Es gibt jetzt eine Zeit DAVOR und eine MITTENDRIN und hoffentlich auch eine NACH CORONA. Wir machen eine neue Erfahrung.

Sie führt uns an die Grenzen unserer Möglichkeiten und darüber hinaus. Wir sind gefährdet, wir haben unsere Welt und unser Ergehen nicht im Griff. Hatten wir nie. Jetzt aber wissen wir es definitiv. Alle Experten vermögen es vorerst nicht, das Gespenst zu zähmen. Die Zeitungen schreiben, wir hätten die schlimmste Krise seit dem Zweiten Weltkrieg. Die Pandemie sei die größte anzunehmende Bedrohung für jeden Menschen auf der Welt.

Sind wir jetzt tatsächlich von Gott verlassen? Sind wir Gott los? Die Frage ist so alt, wie die Gebete im Alten Testament, die ganz viel klagen und fragen. Gott wird vermisst. Schon immer. Es mag ihn schon noch geben, aber nicht hier, nicht nah genug bei uns. Warum nur? Er wird seine Gründe haben. Gott verlässt doch seine Geschöpfe nicht einfach so. Wo ist er also? Und was veranlasst ihn, sich uns so zu entziehen? Ausgerechnet jetzt, da wir ihn und seine Hilfe so dringend bräuchten, scheint er himmelweit entfernt.

Die Corona-Krise ist auch eine Glaubenskrise.

Zweiter Blick

Warum bin ich von Gott verlassen? Die schlimmste Warum-Frage steht gleich am Anfang dieses Psalms. Zwei Mal spricht der Beter Ihn als „mein Gott" an. Doch Er ist unsäglich fern.

Die Wucht der Anfangsfrage wird noch spürbarer, wenn wir die folgenden Verse weiter lesen. Der Beter schreit, aber er findet keine Antwort. Er ruft hinaus in die Nacht, doch da kommt kein beruhigendes Licht. Zur Verlassenheit von Gott kommen obendrein schwere Krankheit, Verachtung, Spott. „Ich bin ein Wurm und kein Mensch, ein Spott der Leute und verachtet vom Volk" (Vers 7). „Ich bin ausgeschüttet wie Wasser, … mein Herz ist in meinem Leibe wie zerschmolzenes Wachs" (Vers 15). Der Beter spricht, als ob über ihm alles nur vorstellbare Leid eingebrochen wäre; das übersteigt „jedes Einzelschicksal" (Hans-Joachim Kraus). Manche Wendungen erinnern direkt an die Passionsgeschichte Jesu Christi. In der Überschrift wird David als Verfasser genannt. Doch der Psalm gibt Raum für Ungezählte, die leiden. „Die Bilder … sind so offen, dass sie für jede schmerzliche Erfahrung zutreffen, für Todesangst, für Verfolgung, für innere Zerrissenheit. Für körperliche Krankheit, für Glaubensanfechtung" (Anselm Grün).

Wer den Psalm bis zum Ende weiterliest, entdeckt einen radikalen Umschwung. Nicht nur Rückerinnerungen an ein besseres Damals kommen dem Beter in den Sinn (Vers 5). Ab Vers 20 beginnt ein ganz anderes Lied. Die vergeblich erwartete Hilfe, auf einmal stellt sie sich doch ein (Verse 23–25). Was mit der bittersten Klage beginnt, mündet in einen hellen Lobpreis.

Augenblick

„Das Virus ist die Strafe Gottes!" So reden manche Zeitgenossen im Hinblick auf die Corona Krise. Sie unterstellen Gott, dass er als Vergeltung für die massenhafte Gottvergessenheit und Gottlosigkeit in der Welt diese himmlische Plage zu uns schickt.

Es ist in der Zeit dieser Krise und dieser globalen Untergangsstimmung der Ruf nach einem starken Staat ebenso laut wie der Ruf nach einem starken Gott. Damit Ordnung und Ruhe einkehren. Alles wird gerichtet, geregelt, angeordnet. Der Mensch mutiert zum hilflosen Untertan, der sich zu beugen hat, dadurch aber auch weiß, woran er ist.

Geordneter Untergang. Nichts passiert unkontrolliert. Das Virus als logische Folge des Ungehorsams gegen Gott ist demnach sinnvoll, weil begründet. Jetzt räumt Gott endlich auf.

Erschreckend populär ist diese Gottesvorstellung in Umlauf. Ihr zu widersprechen stößt auf heftige Kritik und Empörung. Trotzdem muss dieser Interpretation des Augenblicks etwas entgegen gesetzt werden. Ich kann nicht an so einen Gott glauben, der mit Schadenfreude und Lust am Untergang seiner Menschen uns allen Tod und Verderben schickt. Ich glaube nicht an einen so lieblosen Rache-Gott.

Ich verlasse mich ganz und gar darauf, dass Jesus uns ein ganz anderes Bild von Gott gezeigt hat, obwohl er selbst auch unter Gottverlassenheit dramatisch gelitten hat am Kreuz. Aber er hat uns vorwiegend ein Bild von Gott gezeigt, das tröstlich, barmherzig, voller Vergebung und Liebe seine Menschen leiden mag, der nicht endgültig verdammt, abweist, zugrunde richtet, der zur Umkehr ruft und Umkehr ermöglicht, der feiert, wenn sich seine verlorenen Söhne und Töchter an ihn erinnern und nachhause zurückkommen.

Ich glaube nicht, dass wir jetzt unserem Gott plötzlich egal geworden sind, dass er uns verdammt und vergisst. Ich glaube, dass er auch in dieser Krise mit uns geht und uns Kraft schenkt durch das finstere Tal zu gehen, mutig und aufmerksam füreinander Wege zu suchen, die uns heil und bewahrt sein lassen.

AUSBLICK Weiterfragen

Ist die Erfahrung von Gottesferne nicht der beste Grund, sich unter den Regenbogen seiner versprochenen Zukunft zu beten?

Wann werde ich dein Angesicht schauen? (Psalm 42,3)

Erster Blick

Glauben heißt Ausschau halten nach Gott. Alles Weitere kommt dann wie von alleine.

Sehen und Sehnen. Fragen und sagen: Wo ist er? Hat er ein Gesicht? Wenn ja, schaut er nach mir? Darf ich sein Ansehen genießen? Hat er mich im Blick? Wie schaut er aus und zu, wie es mir geht.

Alles Ansichtssache. Alles eine Frage des Ansehens. Was wäre das für ein Leben, wenn ich wüsste, dass Gott ein Nachsehen mit mir hat. Mich tatsächlich nicht aus den Augen verliert. Und wann endlich kann ich damit rechnen, dass es passiert und wir uns von Angesicht zu Angesicht begegnen. „Da schau her!" würde ich dann womöglich stammeln und nicht schlecht staunen, was er für ein Gesicht macht, wenn er mich sieht und erkennt, mich vielleicht sogar mit meinem Namen anredet und sagt: „Gut schaust Du aus!"

Und dann sehen wir weiter …

Zweiter Blick

Ein Psalm der brennenden, der schreienden Sehnsucht. Ein Schrei nach Gott. Verglichen mit den Schreien eines verdurstenden Tiers in der Wüste. „Wie der Hirsch schreit nach frischem Wasser ..." So sehnlich dürstet die Seele nach Gott. Nach seiner Nähe und Hilfe. Nach seinem „Angesicht". Das „Angesicht" des unsichtbaren Gottes? Das klingt wie das Sinnbild seiner spürbaren Nähe. Seines hilfreich zugewandten Blicks.

Ein Psalm auf dem Weg. Es wird lange dauern, bis dieser Beter zu seinem Ziel kommt. Drei Mal breitet er seine Klage aus. Über alles, was ihm zusetzt. Die trockene Wüste und, paradox genug, die bedrohlichen Wassermassen. Schließlich über gesellschaftliche Gewalt und Unrecht, die ihn niederdrücken. (Psalm 43 war wohl ursprünglich der dritte Teil von Psalm 42.) Alles Schlimme kommt zusammen. Wie bei Hiob sind hier „unterschiedliche Leiderfahrungen ... verdichtet" (Erich Zenger).

Drei Mal spricht der Beter aber auch seinem Herzen Mut zu. „Was bist du so betrübt, meine Seele ..." (42,6.12; 43,5) So wird der Psalm zum wahren „Herzberuhigungsgebet" (Erich Zenger). Drei Mal das „Harre auf Gott", mit einer Sehnsucht, die beharrlich bleibt. Bis sie das „Angesicht" Gottes findet.

Augenblick

Die Schule hat begonnen. Die Ferien sind vorbei. Die Zweite Klasse sitzt in der dritten Stunde. Plötzlich fängt ein Kind an zu weinen. Die Lehrerin unterbricht, geht zu ihm hin und fragt besorgt nach. „Kind, warum weinst Du?" Schluchzend sagt der kleine Mensch: „Ich hab vergessen, wie meine Mama aussieht!"

Wir brauchen Gesichter. Wir sind Gesichtermenschen. Wir wollen Ansehen genießen im doppelten Sinne, nämlich angesehen werden und andere ansehen und wissen, wie sie aussehen, wenn wir sie vermissen. Und da fangen mitten im Unterricht des Lebens kleine und große Menschen plötzlich an zu weinen, weil sie vergessen haben, wie Gott aussieht.

Ob er sie überhaupt noch ansieht. Nach ihnen schaut. Aus den Augen, aus dem Sinn? „Wann werde ich dahin kommen, dass ich Gottes Angesicht schaue?"

„Das hat doch kein Gesicht!", hat mein Vater immer zu uns gesagt, wenn wir eine Arbeit auf unserem Bauernhof unvollständig ausgeführt hatten. Ob mit dem Besen kehren oder mit dem Hammer hämmern oder mit dem Futter füttern, wenn es nicht gut gemacht war, nicht erkennbar zufriedenstellend, dann hatte es eben kein Gesicht. Ein Gesicht hat etwas nur, wenn es ansehnlich ausfällt, wenn es schön aussieht, sich offensichtlich sehen lassen kann.

„Wo ist Gottes Gesicht?", fragt ein Mensch im Psalm. Und nicht nur da. Überall und nirgends wird es gesucht, das Gesicht Gottes. Niemand kriegt ihn richtig zu Gesicht? Alle suchen, niemand findet ihn. „Kommt vor sein heilig Angesicht!", singen die Christen seit Generationen. Klaus Berger, der Heidelberger Theologe, schreibt in seinem Jesus-Buch: „Jesus ist das einzige Bild, das wir von Gott haben." Da zeigt er sich also, zeigt Gesicht. Endlich hat der Glaube ein Ansehen.

Am Ende jedes Gottesdienstes steht der Segen. Viele kommen gerade wegen dieses Zuspruches überhaupt dahin. Und sie nehmen womöglich eine gute Stunde Liturgie und Predigt in Kauf, nur um am Ende unter dem Segen Gottes sich auszustrecken und geborgen zu wissen. Und wenn es der gute alte aaronitische Segen ist, dann verspricht er Folgendes:

„Der Herr segne dich und behüte dich, | er lasse sein Angesicht leuchten über dir | und sei die gnädig.

Er erhebe sein Angesicht auf dich | und schenke dir Frieden!"

AUSBLICK *Weiterfragen*

Wenn wir bei Gott Ansehen genießen, können wir dann schlecht aussehen?

Kümmert es dich nicht, dass wir untergehen? (Markus 4,38)

Erster Blick

Sie sitzen alle in einem Boot. Der Wellengang ist hoch. Viel zu viel Wind peitscht. Und Jesus schläft.

Unerhört verstört sind sie alle. Jesus im Boot und trotzdem Untergangsstimmung. Gerade weil er da ist und doch weg. Sich nicht rührt. Sturmwild und drangvoll steigt die Angst. Alle Mann an Bord sind verzweifelt. Seelenruhig träumt währenddessen ihr Steuermann. Sie fahren in den Abgrund und aus der Haut. Wecken ihn auf. Werfen ihm vor, das er abwesend ist, während die Gefahr überhandnimmt. Am Ende wird er noch den Untergang verpassen, verschlafen. Kümmert sich nicht um ihren Kummer. Sieht nicht, wie alles aus dem Ruder läuft.

Kein Land in Sicht. Was ist das für einer, der auf dem sinkenden Schiff die Seenot nicht sieht. Was ist zu halten von so einem, der sich so wenig erschüttern lässt.

Darfs ein bisschen mehr sein?

Zweiter Blick

Eine ziemlich verzweifelte Frage: Die Jünger Jesu stellen sie mitten in einer dramatischen Sturmgeschichte. Jesus ist mit ihnen im Boot, als auf dem See Genezareth „ein großer Wirbelwind" das Leben bedroht. Ein plötzlicher „Fallwind", der die Menschen am See immer wieder das Fürchten lehrte. Und das Schlimmste: Christus ist ganz in der Nähe und trotzdem entrückt. Während die Wellen fast ins Boot hineinschlagen, schläft er in aller Seelenruhe „auf einem Kissen". Er hilft nicht, wenn die Hilfe am dringlichsten wäre?

Das Bild aus dem Hidta-Codex (siehe die Abbildung S. 59) rückt die Szene vor Augen: Das Schiff jagt dem Abgrund entgegen. Die meisten der Jünger, ihrem Heiligenschein zum Trotz, starren mit schreckgeweiteten Augen in das Unwetter. Nur ein einziger wagt es sacht, den ruhig schlafenden Christus an der Schulter zu berühren. Dieser „Heiland" fragt scheinbar nichts nach ihrem Unheil. „Er ist hineingezogen in den Absturz. Er ist Bestandteil der Nussschale. Aber er ist gestaltet als ruhender Pol" (Günter Lange).

Früh haben die Ausleger in dieser Sturm-Erzählung ein realistisches Bild der Gemeinde Christi gefunden. Das ist Kirche immer neu: Unwettern ausgesetzt, den tobenden Gewalten wie hilflos ausgeliefert und scheinbar ohne einen Christus, der hilft. Und doch steht am Ende der Erzählung die Rettung aus dem Tumult. Jesus „tut hier an der Natur das Gleiche, was er sonst an kranken Menschen getan hat" (Günter Dehn). Die Beruhigung am Ende meint etwas anders als behagliche Zufriedenheit. Markus setzt die Bemerkung ans Ende. „Und sie fürchteten sich sehr." Etwas Unfassliches ist in ihr Leben eingebrochen. „Wer ist der, dass ihm Wind und Meer gehorsam sind?"

Augenblick

Hallo Jesus! Wir müssen reden. Über Leben. Hast du Zeit? Wenn nicht, dann nimm sie dir. „Nimm dir Zeit und nicht das Leben!" so heißt ein Sprichwort bei uns. Kennst Dus auch? Also wie auch immer. Hör gut zu. Ich muss was loswerden. Über mein Leben. Und über dich. Mir wurde gesagt, du segelst immer mit, wenn ich unterwegs bin. Spätestens seit meiner Taufe. Aber womöglich auch sowieso. Und jetzt das: Ich liege voll im Wind und bin auf Kurs lange Zeit. Dachte ich jedenfalls.

Und dann, wie ein Blitz aus heiterem Himmel ein Unwetter, ein Wetter ganz ohne Vorhersage. So was gibt's auf keinem Schiff, außer auf meinem. Alles läuft plötzlich aus dem Ruder direkt ins Verderben, wie es scheint. Ich habe Angst, unterzugehen.

Denk schon: Treib gut, mein Leben! Da fällst du mir ein und dein Versprechen und ich denk: Er muss doch an Bord sein, wo ist er, jetzt, einmal, wo ich ihn brauche, den Windstille-Mann. Und da komm ich unter Deck und seh dich da sitzen, achtern, achtlos sitzt du da und schläfst. Ich werd verrückt, du Sturmschläfer, du Untergangstauglicher. Ja, geht's noch? Wortbruch, Schiffbruch!

Ich ruf: Wach und mach! Sonst geht alles seinen Wellengang, mit Sang und Klang unter, Mensch Jesus, du mit deinem Ruhekissen. Du machst mich wahnsinnig mit deiner Ruhe mitten im Sturm. Schwankkrank, wie ich, bist du offenbar nicht. Aber im Boot. Da bist du immerhin. Aber was nützt es mir und meinem Schiff?

Ich sag mir: Bete sich wer kann! Und will dich aus der Ruhe bringen. Du und deine Seelenruhe. Die ist überdosiert bei dir, was? Rühr dich doch! Sag ich. Ich seh ja kein Land mehr! So sturmreif wie du bin ich nicht! Verbiete endlich den Schiffbruch! Stürm herbei und trag mich ein in das Bordbuch deiner Arche. Überspann jetzt den Bogen nicht. Du kannst vielleicht übers Wasser gehen. Ich nicht. Vielleicht macht dich das so gelassen.

Was sagst du da? Ich kann das auch? Dann las uns beide aussteigen. Du zuerst! Ich komm dann gleich nach. Windstärke hab ich auch. Aber nur, wenn du vorgehst. Dann verlassen wir zusammen das sinkende Schiff. Meinetwegen. Lass uns umsteigen. Zur Not schwimmen wir bis ins gelobte Land.

Und am Ufer brätst du dann für uns einen Fisch. Und wir holen die anderen dazu. Und dann feiern wir. Es geht nichts über Leben!

AUSBLICK Weiterfragen

Wenn wir alle in einem Boot sitzen,
ist dann Jesus nicht auf jeden Fall
mit an Bord?

Brannte nicht unser Herz in uns? (Lukas 24,32)

Erster Blick

Meistens raucht uns eher der Kopf, wenn wir viel zu verarbeiten und zu bedenken haben. Und wer alles nur noch zum Fortlaufen findet, dem macht alles nur noch mehr Kopfzerbrechen. Dabei ist unser wichtigstes Organ für das Leben das Herz. Es entsteht lange vor dem Gehirn. Es ist der springende Punkt, ab dem das Leben darauf pocht, da zu sein. Unser Herz ist das Zentrum und die Kommandozentrale. Herzensintelligenz ist gefragt.

Mehr denn je. Was nützen uns Schlaumeier und Siebengescheite, wenn sie herzlos und lieblos und lustlos sind. Nur wer sich was zu Herzen nimmt, nur wer sich ein Herz nimmt, nur wer sich was zu Herzen gehen lässt, kann ernsthaft weil herzhaft fragen und wagen nach einem Leben, das sich lohnt. Herzbrennen ist besser als Kopfweh. Und wenn Menschen in die Nähe Gottes geraten, dann beginnen sie, sich brennend zu interessieren.

Und wenn Jesus anfängt zu reden, dann wird es heiß, weil es viel heißt, was er zu sagen hat.

Das könnte ansteckend sein …

Zweiter Blick

Lange bleibt Er unerkannt, der Lebendige, der auferstandene Christus, für die beiden, die enttäuscht Jerusalem verlassen. Als ein Fremder hatte er sich zu ihnen gesellt und ihre Trauer wahrgenommen: die Katastrophe ihrer Hoffnungen, die sie an Jesus knüpften. Größtes hatten sie von ihm erwartet. Nun war er gescheitert, ans Kreuz geschlagen, elend getötet worden. Was zunächst bleibt, sind Betäubung und Schmerz und ihr leeres Herz.

Lukas inszeniert diese schönste seiner Ostergeschichten als Drama eines äußeren und inneren Wegs. Äußerlich haben die beiden Jünger Jerusalem verlassen, sind unterwegs nach dem Dorf Emmaus. Innerlich kommen sie von der Niedergeschlagenheit zu einer überwältigenden Neu-Begegnung mit ihrem Meister. Er fragt behutsam nach dem, was sie niederdrückt. Er setzt ihnen erste Lichter auf über das Leiden des Messias, von dem doch die Propheten Israels sprachen. Er fragt sie: „Musste nicht der Christus dies erleiden und in seine Herrlichkeit eingehen?“ (24,25) Noch bleibt alles nur angedeutet. Aber dann beim Mahl in Emmaus, als Er mit ihnen zu Tisch saß, da geschieht es. Da „nahm er das Brot, dankte und brach's und gab's ihnen“ (24,30). Das ist die Geste Jesu, die in jeder Feier des Heiligen Abendmahls erinnert wird. Nun öffnen sich ihre Augen. Sie erkennen Ihn, obwohl er äußerlich von ihnen verschwand.

„Brannte nicht unser Herz?“ Das ist nun keine Frage, die weh tut. Sie fragen voller Staunen. Und eilen mit der Freudennachricht nach Jerusalem zurück. Das „brennende“ Herz wird ihnen bleiben. Weil Er bei ihnen bleibt. Auf allen Wegen.

Augenblick

Zweifelglaube ist Herzenssache. Viele Leute meinen zwar, es ginge nur mit Köpfchen, mit klugem womöglich oder mit einfältigem. Wie auch immer. Jedenfalls argumentativ, klug, theologisch logisch, also überzeugend, plausibel bis zum Gottesbeweis.

Als gelte es, alles einfach so lange zu erklären und zu besprechen, bis es endlich einleuchtet. Und sei es vor Erschöpfung.

Dabei ist die Beziehung zu Gott wie jede Beziehung eine Herzensangelegenheit. Es soll uns nicht nur der Kopf rauchen, sondern vor allem das Herz brennen. Natürlich hat der Mensch jede Menge Kompetenzzentren mitbekommen. Aber das Herz ist die Kommandozentrale. Da laufen alle Fäden zusammen. Herz ist Trumpf! Da spielt die Kammermusik unserer Seele.

Was da stolpert und rast, flimmert und flattert, das sind die Klopfzeichen des Glaubens. Hier steht das Politbarometer unseres Lebens und bildet die Kurven auf und ab, die unsere Gottesumfragen ergeben.

Neben den Jüngern von Emmaus, deren Herz bereits Feuer gefangen hat für den mitreisenden Jesus, ehe sie sich das durch den Kopf gehen lassen, ist da auch die Maria in der Heiligen Nacht, die alles in ihrem Herzen bewegt, was da Unglaubliches geschehen ist rund um die wirklich ansteckende Krippe im Stall. Sind da später auch die Leute von Jerusalem, die einen Petrus an Pfingsten derart vollmächtig predigen hören, dass sie Feuer und Flamme werden für das Fragen nach Gottes Willen.

Nur wer sich ein Herz nimmt, wird wirklich gottvolle Erfahrungen machen. Und so zieht es sich auch durch die christlichen Lieder hindurch. Immer mit Herzen, Mund und Händen wird da Gott gedankt. Oder es heißt: „Herr ich komme zu dir und ich steh vor dir so wie ich bin. | Alles was mich bewegt, lege ich vor dich hin. | Herr ich komme zu dir und ich schütte mein Herz bei dir aus. | Was mich hindert, ganz bei dir zu sein, räume aus. … | Gib mir ein neues ungeteiltes Herz …" (Wo wir dich loben, Nr. 51)

Und im Adventslied „Mit Ernst o Menschenkinder" (EG10) heißt es in der 3. Strophe: „Ein Herz, das Demut liebet, bei Gott am Höchsten steht; | ein Herz, das Hochmut übet, mit Angst zugrunde geht; | ein Herz, das richtig ist und folget Gottes Leiten, | das kann sich recht bereiten, | zu dem kommt Jesus Christ."

AUSBLICK Weiterfragen

Wenn unser Herz brennt, kommt uns dann Jesus unerkannt nahe?

Wie kann das geschehen? (Johannes 3,9)

Erster Blick

„Ich fühle mich wie neu geboren!" Das kann nur jemand sagen, dem es gut geht. Vielleicht nach einem erholsamen Urlaub, womöglich nach einer wohltuenden Begegnung. Manchmal reicht sogar einmal kurz an der frischen Luft gewesen sein. Wenn man sich auf Gott einlässt, dann fühlt man sich wie neu geboren. Das jedenfalls behauptet Jesus. Im Gespräch am Abend, mit einem klugen Menschen, tut er das. Glaube an Gott wirke wie ein Jungbrunnen. Er sagt: „Wer glaubt, kommt noch einmal auf die Welt." Glaubensgeburtstag. Oder so was ähnliches. Wer's glaubt ...

Offen bleibt, ob das eine schwere Geburt sein wird, oder ein eher schmerzfreies Zurück an den Anfang. Egal wie, es ist unglaublich. Es ist ein Rätsel. Noch eins. Nicht zu begreifen. Wieder einmal. Jesus spricht mal wieder in Rätseln. Wie soll jemand noch einmal geboren werden, wenn das schon passiert ist. Vor langer Zeit womöglich sogar. Und doch ist zu spüren, dass Jesus das ernst meint. Also muss was dran sein. Also sind wir dran.

Also gehen wir der Frage nach. Machen, was wir am besten können: weiterfragen!

Zweiter Blick

Durch Jesus kommt Neues ins Leben. Wunderdinge werden von ihm erzählt. Auch ein Schriftgelehrter hat davon gehört. Mit großer Erwartung kommt Nikodemus zu Ihm, den er achtungsvoll „Meister" nennt.

Eine der großen Begegnungs-Geschichten im vierten Evangelium. Nikodemus ist nachts gekommen. Und Jesus nimmt sich schier endlos Zeit. Aber schon am Anfang fordert er seinen nächtlichen Besucher heraus. Vieles klingt wie eine Zumutung. Das Leben bei Gott kann nur jemand entdecken, der „von neuem geboren" wird. Wie könnte das gelingen: als Erwachsener neu geboren werden? Nikodemus kann es nicht fassen. Das geht über seine Fassungskraft. Jesus spricht von dem himmlischen „Geist", der für einen wirklichen Neubeginn nötig ist. Unberechenbar wie ein Windstoß. Unfassbar.

Ein zweites Mal fragt Nikodemus zurück: „Wie soll das geschehen?" Es ist seine letzte Intervention in diesem Nachtgespräch. Jesus spricht lange weiter, und die Leser, die Jesus vertraut sind, erfahren wichtige Vertiefungen seines Auftrags. Gott hat mit dem Kommen Jesu seine unfassliche Liebe zur Welt riskiert (3,16). Was Nikodemus davon begreift, bleibt offen. Er ist am Ende einfach wie abgetaucht. Erst später wird deutlich: Was Nikodemus gehört hat, hat Folgen für sein Tun. Er setzt sich für Jesus ein (7,50–52). Er ist bei der Grablegung dabei (19,39). Er beginnt aus dem Geist Christi ganz neu.

Augenblick

„Ich fühle mich wie neu geboren." Das lässt sich leicht sagen. Manchen genügt der Besuch in der Sauna. Ein paar unbeschwerte Urlaubstage. Ansätze zu einer neuen Freundschaft nach einer bitteren Trennung. Schöne Erfahrungen, selbst wenn sie nur eine kurze Verweildauer haben.

Doch der Neuanfang, von dem Jesus offenkundig spricht, klingt wie aus einer anderen Welt. Als Erwachsener das Leben ganz neu beginnen: Bleibt das nicht utopisch? Neue Weichenstellungen mag es geben. „Warum ich mich geändert habe": Hier gab Heinrich Albertz (1915–1993) Auskunft über die Anstöße, die ihn vom Pfarrersein zur politischen Verantwortung als Innensenator und Regierender Bürgermeister in Berlin führten; und dann 1967 zum Amtsverzicht, nach dem Befehl, gegen die aufbegehrenden Studierenden beim Schah-Besuch mit Härte vorzugehen. „Offensichtlich ist es in diesem Lande das schlimmste Verbrechen, öffentlich von einem eigenen Fehler oder einer eigenen Fehlentscheidung zu sprechen" (Warum ich mich geändert habe, Stuttgart 1971, Seite 18). Albertz' Weg führte zum neuen Pfarrdienst in einer kleinen Berliner Gemeinde. Einschneidende Kurskorrekturen und Lebenseinschnitte. Aber zeigt sich darin „neu geboren werden"?

Wenn heute von „Wiedergeburt" die Rede ist, dann wird oft an ein Leben nach dem Tod gedacht. Die Aussicht auf den möglichen Neuanfang in einem späteren Leben bringt manchen eine Art Entlastung. In diesem einzigen irdischen Leben muss das Heil nicht gefunden werden.

Jesus aber meint einen Neuanfang durchaus in diesem irdischen Leben, einen Neuanfang im Nahbereich. Die Fischer, die ihm nachfolgten, erfuhren einen Neubeginn. Das „gewusst wie" lag nicht in ihrer Macht. Sie wissen oft nicht, was ihnen geschah. Alle, denen die Augen aufgingen, durch die Einstrahlung der großen Gottesliebe. „Neu geboren werden" kann ganz verschieden ausschauen. Etwa die Umkehr zur „Ehrfurcht vor dem Leben", wie sie Albert Schweitzer gelang, dem vielseitigen Wissenschaftler, mit dem Entschluss, seine Kräfte als Arzt in Afrika einzusetzen. Besonders überzeugend bei Menschen, die nie in der Weltöffentlichkeit gefeiert wurde. Die dankbar lächeln können. Die mit Kinderaugen in den Tag schauen. Die immer neu Widerstand und Ergebung lernen.

AUSBLICK Weiterfragen

Neu anfangen, sein Leben neu entdecken: Muss das in Jesu Nähe wirklich ein Traum bleiben?

Wohin sollen wir gehen? (Johannes 6,68)

Erster Blick

Es ist ein Kreuz mit der Kreuzung, an der wir stehen. Immer wieder. Wohin soll die Reise gehen? Welchen Weg schlagen wir ein? Wie biegen wir ab und zu in die richtige Richtung? Verfahren ist die Sache. Von wegen alle Wege führen uns schon – irgendwo hin.

Keine Navigation weiß uns zu lenken, wenn wir nicht wissen, wohin wir wollen. Zielführend ist nur, was wir anstreben, wohin wir uns bewegen. Wir kommen nur an, wenn wir wissen, worauf es ankommt. Immer unterwegs sein, macht unsicher und müde. Wenn schon anstrengen, dann doch zielsicher. Die Freunde um Jesus sehen sich um und fragen nach einem lohnenden Ziel. Und wir tun es auch unentwegt. Es heißt übrigens: „Wohin sollen wir", nicht: „Wohin wollen wir".

Sinnvoll ist nicht einfach beliebiges Verfahren, sondern das Verbleiben auf der Sollstrecke unseres Lebens. Dort also, wo nicht nur Lust und Laune darauf abfahren, sondern auch Sinn und Ziel angesteuert wird. Umwege und Abwege inklusive.

Zweiter Blick

Wollt ihr auch weggehen?", hatte Christus die Zwölf gefragt (6,67; vgl. zu dieser Frage S.147). Die Gegenfrage des Petrus lässt aufhorchen. „Wohin sollen wir gehen?" Das ist kein Ausdruck von Ratlosigkeit oder Verwirrung, die offenbar viele zum Abschied von Jesus genötigt hat.

Petrus fragt als jemand, den Erfahrung und Einsicht beflügeln. Was er an Christus entdeckt, sind nicht nur kraftvolle oder wichtige Worte für den Augenblick. In ihnen leuchtet das Licht der Ewigkeit. Worte für immer. Nicht weniger als das Leben Gottes. Seine intensive Gegenwart.

Für den Evangelisten Johannes sind dabei Einsicht und Glaube nahe beieinander. „Wir haben geglaubt und erkannt ..." Der Glaube bleibt nicht blind oder vernunftlos. Er findet entscheidende Wahrheit. Bei Ihm, der sich als „Weg, Wahrheit und Leben" zu erkennen gibt (14,6).

Petrus und die Apostel haben diese Einsicht nicht als Besitz. Der Zweifler Thomas stellt schon vor der Passion die skeptische Frage: „Herr, wir wissen nicht, wo du hingehst; wie können wir den Weg wissen?" (14,5). Und Petrus wird vor der Gefangennahme seinen Herrn drei Mal verleugnen (Johannes 18). Und doch wird nichts verloren gehen von seinem Glauben und Erkennen. Er bleibt von einem „Wir" umgeben, das weiterführt. Er, der „Weg, Wahrheit und Leben" verspricht, wird für Petrus Lebenskraft bleiben.

Augenblick

„Ich mochte Gott. In der Kirche war er mir oft langweilig, aber ich fand ihn grundsätzlich sehr interessant. Er schien etwas Wahnsinniges zu haben und etwas sehr Zartes." Esther Maria Magnis (geboren 1980) schrieb mit 30 Jahren über ihre Gott-Suche. Eine Geschichte voller Brüche und Leidenschaft „Gott braucht dich nicht – Eine Bekehrung" erschien 2012.

Ihre Nähe zu Gott in den Kinderjahren konnte Esther nicht bewahren. Mit dreizehn, vierzehn Jahren begann eine „Trennung ohne Winken" (Seite 24). Die schwere Krankheit ihres Vaters brachte sie dennoch dazu, mit ihren Geschwistern ganz heimlich zu beten. Auf dem Dachboden. Sie spürten eine Stille, eine Geduld. „Dieser Frieden war nicht unserer, aber wir wussten, dass er die Wahrheit ist" (Seite 74). Die drei Geschwister vertrauten fest darauf, dass ihr Gebet den Vater gesund machen kann. Aber ihr Vater starb. Eine tiefe, langwierige Erschütterung folgte. Und neue Suche nach dem „Wohin".

Esther entdeckt anders die Bibel. Die Klagen, die Anklagen gegen Gott. Die Jesus-Geschichte in den vier Evangelien. „Wer sich an den Glauben an diesen Jesus herantastet, bekommt keinen Flyer mit einem Siebenpunkteplan, sondern der wandert durch Perspektiven. Der umkreist viermal das größte Geheimnis" (Seite 210). Sie würde gern mehr von diesem fremden Land erfahren. „Irgendetwas mit Liebe. Irgendetwas Erstaunliches – eine riesige Zuneigung ..." (Seite 212).

Die schwere Krankheit ihres Bruders Johannes stellt noch einmal alles Vertrauen in Frage. Sie erlebt seinen Kampf mit und seinen Glauben und seinen Abschied. Sie hält für sich fest: „Nur noch Gott. Und so dachten und beteten wir uns nicht in den Himmel hinein, sondern wir litten und freuten uns, wir warteten und liebten in seiner Gegenwart hier unten, wo wir Menschen alle sind. In der Welt. Die vollkommen offen war" (Seite 237).

Abenteuer Glauben! Esther Maria Magnis gibt sich mit keinen Konventionen zufrieden. Da hat sie mit Petrus gemeinsam. Und mit allen, die einen eigenen authentischen Glauben entdecken. In Seiner Nähe, der „Worte des ewigen Lebens" hat.

AUSBLICK Weiterfragen

Kann unser Leben ausweglos sein, wenn Jesus der Weg ist, dem wir nachgehen?

Was ist Wahrheit? (Johannes 13,38)

Erster Blick

Die Wahrheit, die ich meine. Sie ist vor allem zuerst subjektiv. Meine Wahrheit muss nicht deine Wahrheit sein. Oder ist die Wahrheit immer neutral und gilt für alle gleich? Man muss doch immer die Wahrheit sagen, oder?

Aber, was für mich stimmt, was ich als reale Tatsache empfinde, das muss nicht unbedingt allen anderen auch einleuchten. Jedes Baby ist bekanntlich das Schönste.

Mit der Wahrheit ist es so eine Sache. Sie ist umstritten allemal. Ungewiss. Ambivalent. Früher konnte man vielleicht sagen: Das ist so! Heute widersprechen alle und sagen: Für dich ist es vielleicht so. Aber nur für Dich. Wie kommt also die Wahrheit heute ans Licht?

Schwer! Wirklich wahr!

Zweiter Blick

Eine Szene aus der Passionserzählung des Johannes. Sie ist ganz anders gestaltet als bei den übrigen Evangelisten. Zwei Mal steht Jesus dem Statthalter Pilatus gegenüber. Wie ein Souverän, nicht wie ein Opfer. Ob er der König der Juden sei? Jesus antwortet: „Du sagst es. Ich bin ein König" (18,37). Offenbar aber kein politischer Machthaber wie der Kaiser in Rom, wie die Vasallenkönige im Heiligen Land. Er tritt als Zeuge von Gottes Wahrheit auf. „Ich bin dazu in die Welt gekommen, dass ich die Wahrheit bezeugen soll."

Manche Leser erinnern sich, wie eng das Thema „Wahrheit" mit dem Auftrag Christi verbunden ist, in der Sicht des Johannes. In Christi Nähe gilt es Gott anbeten „im Geist und in der Wahrheit" (4,24). So bekommt es eine Frau aus Samaria zu hören. Und der Jüngerkreis in den Abschiedsgesprächen (14,6).

Doch Pilatus ist überfordert. Solche absoluten Worte gehören nicht zu seinem Handwerk. Er ist politischer Verantwortungsträger und muss Interessen abwägen. Was die absolute Wahrheit ist? Pilatus „hält sich draußen" (Rudolf Bultmann). Mit so vielen, die mit einer kleinen eigenen Wahrheit zufrieden sein möchten.

Allerdings zeigt die Erzählung bei Pilatus ein Zögern an. Den Anklägern Jesu gegenüber hält er fest: „Ich finde keine Schuld an ihm" (18,38). Aber dann gerät er doch in das Räderwerk politischer Interessen. Die Frage nach der Wahrheit Christi bleibt für ihn auf der Strecke. Er gibt sie an uns als Leser des Evangeliums weiter.

Augenblick

Bei der anschließenden Pressekonferenz sollen die Hände des Pilatus noch feucht gewesen sein, aber nicht schmutzig. Er hatte sie ja zuvor auch sorgfältig in Unschuld gewaschen. So wie das vor vielen Pressekonferenzen geschieht. Er hatte ja sein Bestes gegeben, um diesen Jesus irgendwie zu verstehen und zu verschonen. Zwischen allen Stühlen auf dem Thron der Macht, wäscht eine Hand die andere. Das Drama nimmt seinen Lauf. Pilatus will es allen recht machen.

Das nimmt ihn mit. Und so soll er dann auch auf der PK ausgesehen haben: Ziemlich mitgenommen. Er ist der ohnmächtige Machthaber, mit allen Wassern gewaschen. Er will sich an Jesus die Hände nicht schmutzig machen, spürt aber genau, dass die Juden ihn loswerden wollen. Pilatus taktiert. Ihm ist klar: Das Volk jetzt zu vergraulen bedeutet, einen Aufstand riskieren.

Es geht auch das Gerücht, seine Frau habe ihn stark unter Druck gesetzt, weil sie schlecht geträumt hätte, wegen diesem Jesus. Schlaflose Nächte und dann Pressekonferenz.

Im Traum nicht daran gedacht hätte er, sagt er jetzt für die offiziellen Berichterstatter, dass es einmal so weit kommen würde. In der Politik gäbe es eben Sachzwänge und Handlungsbedarf, der nicht immer transparent sein kann und plausibel gemacht werden könne. Das ist nämlich die Wahrheit. Das will bloß keiner wissen. Das sei eine schwere Bürde. Pilatus bettelt um Mitleid. Ein Pilatus fühlt sich eben als Opfer. Nicht als Täter.

Mitleid für Pilatus? Das darf doch wohl nicht wahr sein. Wie viele Erklärungen soll es noch geben, in denen jemand beteuert, wieder einmal nur seine Pflicht getan zu haben. So viele Schüsseln haben wir gar nicht. Wasserdicht ist das nie. Die Presse interessiert sich aber dafür eher nicht. Sie braucht Schlagzeilen. Und eine heißt doch: „Was ist Wahrheit?" Die Wahrheit muss ans Licht. Irgendwie. Und wenn sie heißt: Jesus von Pontius bis Pilatus gelaufen! Hat der Prokurator versagt?

Der Vertreter der römischen Besatzungsmacht wäscht seine Hände in Unschuld. Noch ahnt er nicht, dass er es einmal zu einer traurigen Berühmtheit schaffen wird und seine Komplizenschaft mit denen, die Jesus aufs Kreuz legen, festgehalten ist für die Ewigkeit. Sein Name bleibt für immer im Gedächtnis. In unserem Glaubensbekenntnis. Denn da heißt es: „Gelitten unter Pontius Pilatus …"

Das ist wirklich wahr!

AUSBLICK Weiterfragen

Wann wird die Wahrheit jemals
ans Licht kommen?

Was sollen wir tun? (Apostelgeschichte 2,42)

Erster Blick

To do Listen sind total in. Leute schreiben sich auf, was möglichst heute oder morgen zu erledigen ist. Und der erste Schritt, die Gespenster der Anforderungen zu zähmen, ist, sie auf einer Liste festzuhalten, sie damit sozusagen „abzuspeichern" und damit deutlich anzukündigen: Ihr kommt alle dran! Ich habe mein Programm im Blick, ich bin konzentriert, ich manage das souverän.

Es ist ähnlich wie mit den old school „Spickzetteln", die sich Schüler vor Zeiten heimlich geschrieben haben, um bei der bevorstehenden Klassenarbeit gewappnet zu sein mit gesichertem „Nachschlagewerken", die man unter der Bank mit zittrigen Händen auseinandergewickelt hat, um mit den gestellten Aufgaben besser klarzukommen.

Nebeneffekt war dabei immer, dass man sich die so abgespeicherten up dates beim sorgfältigen Notieren nebenbei so dermaßen gut einprägen konnte, dass es als Lernerfolg auf jeden Fall funktioniert hat.

Die Frage „Was sollen wir tun?" ist ein Signal positiver Motivation und innerer Bereitschaft, aktiv zu sein. Für Christinnen und Christen ist diese Frage unerlässlich, wenn es um die ins Leben eingetragene tageslichttaugliche Glaubenshaltung geht, die zur Handlung drängt.

„An ihren Früchten sollt ihr sie erkennen!" hat Jesus gesagt. Es geht um To-do, ums Handeln! Erst auflisten, dann abarbeiten! Gibt es eine „christliche To-do-Liste"?

Zweiter Blick

Als der Pfingstgeist „wie von einem gewaltigen Wind" die Menschen ergreift, beginnt ein Wunder der Verständlichkeit. So erzählt Lukas davon. Menschen aus aller Herren Länder hören die Apostel in ihrer eigenen Sprache von Gottes Taten reden. Die das erleben, entsetzen und verwundern sich. Ratlosigkeit greift um sich. Auch an Spott fehlt es nicht. „Sie sind voll süßen Weins."

Aber hier ereignet sich keine Massenhysterie. Petrus ergreift das Wort und macht in klarer Rede verständlich, was dieses Geist-Ereignis mit Jesus zu tun hat. Mit seinem heilenden Wirken, seinem Tod, seiner Auferstehung. Diesen Jesus hat Gott „zum Herrn und Christus gemacht". Darum kommt der Geist so nahe, den Propheten wie Joel ankündigen.

Nun kommt es zu einer Reaktion, die tiefer greift als momentanes Staunen über ein Event. Lukas hält fest: „Als sie das hörten, ging's ihnen durchs Herz". Also keine Augenblicks-Verblüffung ohne Folgen. Mehr als Stoff für unverbindliche Debatten. Der Pfingstgeist stellt ganz neu die Frage nach dem eigenen Handeln. „Was sollen wir tun?"

Sie lassen sich taufen. Sie gehören einer neuen Gemeinschaft an. Sie gehen anders um mit ihrem Eigentum. Der Geist ermuntert zu einem neuen Lebensstil. Im Vertrauen auf den Geist Jesu können für neue Herausforderungen erstaunliche Lösungen entdeckt werden. Im Nahbereich in Jerusalem (Apostelgeschichte 15), in der Machtmetropole Rom (Apostelgeschichte 28) und „bis an die Enden der Erde" (1,8).

Augenblick

Wenn der Kopf aufhört zu rauchen, fängt das Herz zu brennen an. An Pfingsten in Jerusalem haben die Leute eine Predigt des Petrus gehört, die ihnen nicht nur durch den Kopf gegangen ist, sondern mitten durchs Herz. Und wenn dieses Organ für etwas zu schlagen anfängt, wenn es sich brennend interessiert dafür, wie der Glaube an diesen Jesus Christus angewendet, ausprobiert, umgesetzt werden könnte, da gibt es kein Halten mehr, sondern nur noch Handeln. Das ist immer so, wenn eine Ruck-Rede beeindruckt und bewegt.

Die ersten Christen haben ihre Umgebung damit beeindruckt, dass sie ihren Glauben in praktizierter Gemeinschaft dienlich eingesetzt haben. Und so ist das heute auch noch. Die Kirchen beeindrucken und überraschen immer dann, wenn sie aufhören sich in dogmatischen Differenzen erschöpfend zu verstricken und stattdessen anpacken und fraglos, bedingungslos, absichtslos tun, was zu tun ist.

In Sachen Gerechtigkeit, Frieden und Bewahrung der Schöpfung gibt es keine unüberwindbaren konfessionellen Schranken, keine Berührungsängste mit Andersgläubigen oder Atheisten. Im Handeln für die Welt verbinden und verbünden sich alle, die guten Willens sind.

Der Appell des Schriftstellers Walter Flex könnte uns da Ansporn und Anleitung sein.

Er sagt:

„Was keiner wagt, das sollt ihr wagen.
Was keiner sagt, das sagt heraus.
Was keiner denkt, sollt ihr befragen.
Was keiner anfängt, das führt aus.

Wenn keiner JA sagt, sollt ihrs sagen.
Wenn keiner NEIN sagt, sagt doch NEIN!
Wenn alle zweifeln, wagt zu glauben,
wenn alle mittun, steht allein.

Wo alle loben, habt Bedenken.
Wo alle spotten, spottet nicht.
Wo alle geizen, wagt zu schenken.
Wo alles dunkel ist, macht Licht!"

AUSBLICK Weiterfragen

Wenn glauben und zweifeln in
jedem Fall TUN-Wörter sind,
dann können wir doch auch
als zweifelnde Christenmenschen
nicht untätig sein, oder?

Ist Gott für uns, wer mag gegen uns sein? (Römer 8,31)
Wer kann uns scheiden von der Liebe Gottes? (Römer 8,38)

Erster Blick

Mehr Vertrauen geht nicht. Mehr back up ist nicht drin. Gott auf seiner Seite zu wissen, das ist der größte anzunehmende Glücksfall. Keine Gegnerschaft kann da so bedrohlich sein, dass am Ende nicht doch die Geborgenheit überwiegt. So groß und so großartig ist das Versprechen, das im Wagnis des Glaubens an Gott steckt. Ganz schön unverschämt, ohne Scham und Scheu also, wenn es um die Grenzenlosigkeit geht, die in der Sympathie Gottes für uns liegt. Wenn Gott auf meiner Seite ist, wenn er für mich ist, dann bin ich auf der sicheren Seite.

Ist das nicht ein bisschen viel Optimismus, auf den ersten Blick? Kann man so naiv, so sicher, so bedenkenlos sein? So fraglos, so arglos, so sorglos?

Oder ist das tatsächlich gottvoll wahr und klar?

Zweiter Blick

Zwei Fragen, die einen unvorstellbaren Jubel können. Paulus hat in seinem größten Brief an die Römer gründlich aufgewiesen, was „gegen uns" steht. Die Großmächte, die uns die Freiheit rauben, strukturelle Mega-Gewalten. Paulus hat sie in den Namen „Sünde", Tod" und „Gesetz" zusammengefasst (Römer 5–7). Wir können uns nicht am eigenen Schopf herausziehen. Wir verfehlen notorisch den Weg zu Gott, der uns wohlwill und wohltut. Das zeigt Paulus mit einem fast schmerzhaften Realismus bei „Heiden" und „Juden" auf. Wir bleiben „allesamt Sünder", ohne den Ruhm, ohne den Glanz, den wir vor Gott haben wollen.

Doch Paulus schreibt als Zeuge und Dolmetscher einer anderen, einer wahrhaft befreienden Kraft. Im Namen des Gottes, der in Christus eine totale Wende ermöglicht. „Gerechtigkeit" wird dann nicht in Fernziel nach einem endlosen Leistungskurs, „Gnade" nicht das Ergebnis eines imponierende Tat-Lebens. Paulus zeigt einen Gott, der unvorstellbar weit entgegen kommt. Der wahrhaft in Christus „herunterkommt": In die Konflikte, die Schmerzen, die Abgründe des Leben. Hinunter bis zum Kreuz, in einen schmachvollen, grausamen Tod. Alles mit dem einen Ziel, uns aufzurichten, ja uns Mut zu machen für die Liebe Gottes, die die Menschheit und mich ganz persönlich meint.

Am Ende seiner Gedanken-Wanderung über die Abgründe und Schluchten des Lebens fasst der Apostel mit diesen Fragen zusammen. Immer noch gibt es vieles, was Christen nicht weniger bedrängt als andere. Paulus zählt auf: „Trübsal oder Angst oder Verfolgung oder Hunger …" Aber er kapituliert nicht mehr. Vor nichts und niemand. Er glaubt sich und uns aufgehoben in einer alles überwindenden Liebe.

Augenblick

Die Vertrauensfrage ist in vielen parlamentarischen Demokratien ein verfassungsmäßig vorgesehenes Instrument. Sie kann gestellt werden von einer Regierung, die sich nicht mehr der vollen Unterstützung sicher sein kann. Es geht um die grundsätzliche Frage, ob es noch eine fundierte, halbwegs stabile gemeinsame Grundlage gibt, die es möglich macht, gemeinsam zu handeln. Findet der Antrag keine Mehrheit, löst sich nach Artikel 68 unseres Grundgesetzes der Bundestag auf.

Ohne Vertrauen geht keine Politik. Ohne Vertrauen geht gar nichts. In keiner Beziehung zieht es richtig, wenn Misstrauen und Missgunst dominieren. Also gilt das auch für die Beziehung zu Gott. Es ist alles eine Frage des Vertrauens. Und Vertrauen geht nur ganz und gar, vollkommen, unbedingt.

Es geht darum, Gott gegenüber vertrauens-selig zu werden. Das ist ein wunderbares Wort für eine wunderbare Haltung. Es markiert deutlich, dass es geradezu eine Seligkeit auslöst, wenn wir Vertrauen riskieren. Um nichts anderes geht es alle Tage und Nächte, jetzt und ganz am Ende sowieso.

Von meiner Oma habe ich als kleiner Junge das kürzeste Vertrauensgebet der Welt kennen gelernt. Es besteht aus nur zwei Worten. Und heißt: „Gott walts!" Mit diesem kurzen Motto hat sie sich jeden Abend in die Kissen gelegt. Es war für sie das kürzeste Übergabegespräch beim Schichtwechsel, den man sich denken kann. Und sie hat damit ihren lieben Gott wissen lassen, dass sie sich jetzt zurückzuziehen gedenkt und das Ruder abgibt an ihn. Sich überlassen, ganz gelassen, alles sein lassen, gut sein, gut aufgehoben sein, in guten Händen wissen, mich, dich, alle und jeden – und unseren kranken Nachbarn auch. Das walte Gott! Ihm soll alles Schalten und Walten anvertraut sein. Und ich kann es sagen, so als ginge es Gott nur um mich ganz und gar und so als ginge es mir um alles. Das reicht um vertrauensselig zu werden und zu bleiben im Leben und im Sterben.

AUSBLICK Weiterfragen

Können wir tiefer fallen als
in Gottes Hand?

Was hast du, was du nicht empfangen hast? (1. Korinther 4,7)

Erster Blick

„Das ist alles nur geklaut!" singen die Prinzen a cappella ehrlich, wie sie sind. Wir sind chronisch darauf angewiesen, das wir beschenkt werden. Alles auf Empfang! Schon im Mutterleib sind wir komplett auf den Zimmerservice angewiesen. Und dabei bleibt es.

„Mach die Augen zu – und was du dann siehst, das ist ganz allein dein!" Über den Satz habe ich mich schon als Kind geärgert. Aber ich habe es damals verwechselt mit Hilflosigkeit. Denn das Gegenteil stimmt ja: Ich bin nicht hilflos, sondern sorglos gut versorgt. Ich könnte jeden Tag ein Erntedankfest feiern, weil ich unablässig beschenkt werde mit Mitteln zum Leben in jeder Form. Und das macht mich nicht klein, sondern groß im Nehmen und Weitergeben. „Wie Gott mir, so ich Dir!" kann ich sagen und tun. Empfänglich sein ist ein Glück. Gott sei Dank!

Zweiter Blick

Die Konkurrenz christlicher Gruppen fängt früh an. Die Christengemeinde in der Hafenstadt Korinth, vor wenigen Jahren begründet, ist voller Vitalität und Selbstbewusstsein. Aber schon haben sich Gruppen gebildet, die um die Vorherrschaft ringen. Die einen halten sich zum Gemeindegründer Paulus. Andere zu „Kephas" (= Petrus). Oder zu dem imponierenden Geist-Christen Apollos. Wieder andere möchten sich zu einer überlegenen Christus-Partei zählen (1. Korinther 1,12).

Paulus interveniert dagegen heftig. Wer Christus als Herrn bekennt, kann keine Spaltung gutheißen, die eine menschliche Autorität überhöht. Auch wenn diese Autoritäten als anziehend und hinreißend empfunden werden. Der Apostel deckt auf, was er hinter dem Wettbewerb der Parteien am Werk sieht: eine versteckte Überheblichkeit. Eine Anmaßung, die „einen Verkünder auf den Schild heben und den andern herabsetzen" kann (Friedrich Lang).

Damit wäre für Paulus das Entscheidende verraten: dass alle gemeinsam aus dem unerhörten Gottesgeschenk leben, das mit Christus zu uns kommt. Alles Entscheidende haben sie, haben wir empfangen. Die das wirklich beherzigen, können mit den Richtungsunterschieden anders umgehen. Sie fürchten nicht zuerst Konkurrenz. Sie können in der Vielzahl der Begabungen, der Geistes-Gaben („Charismen") einen Reichtum entdecken. Und dabei die geschenkte Freiheit praktizieren: „Alles ist euer: Es sei Paulus oder Apollos oder Kephas, es sei Welt oder Leben oder Tod, es sei Gegenwärtiges oder Zukünftiges, alles ist euer, ihr aber seid Christi, Christus aber ist Gottes" (3,21–23).

Augenblick

Ich bin beim Gottesdienst der neuen freien Gemeinde gewesen. Nachdem die Leute mir so viel erzählt haben, wollte ich mir selber ein Bild machen. In Strömen sind sie gekommen: Junge Familien, Jugendliche, alle Altersgruppen. Sogar Männer. Jede Menge. Das gibt's doch nicht. Und begrüßt hat man sich. Es war ein Hallo und eine Wiedersehensfreude. Und mich hat man auch nicht übersehen, aber auch nicht überrannt. Schön freundlich, aber mit gebührendem Abstand.

Dass vor einem Gottesdienst eine solche Euphorie ausbrechen kann und man in der Tat den Eindruck gewinnt, niemand möchte jetzt gerade irgendwo anders sein. Im Veranstaltungsraum eine Atmosphäre wie vor einem großen Konzert. Hohe Bühne, tiefe Besucherränge, mindestens 400 Leute. Ich staune und nehme Platz.

Es geht los. Mit Musik, die fetzt. Eine Band lässt die Halle beben. Alles natürlich in englischer Sprache. Und kein Lied dabei, das ich kenne. Bis zum Schluss kann ich nicht mitsingen. Aber es ist alles in Ordnung. Auch die Predigt. Bemerkenswert harmlos. Gar nicht so extrem fromm und sektiererisch, wie ich erwartet hätte. Schade eigentlich. Keines meiner mitgebrachten Vorurteile kommt auf seine Kosten. Nun gut, das „Vater Unser" hätte ich mir nun wirklich gewünscht und einen ordentlichen Segen auch. Aber das war wohl alles schon irgendwie drin und dabei. Nur anders.

Auffallend war für mich schon, dass während des ganzen Gottesdienstes nicht ein abfälliges Wort über die anderen Kirchen gesagt wurde. Es war selbstbewusst und voller Jesusliebe, aber nicht auf Kosten von irgendwem. Das sind auch begabte Leute, denke ich. Die können was. Die kommunizieren den Glauben so weltlich, so verständlich, so formlos, unverkrampft, wenn auch ziemlich arg begeistert. Da ist man als Protestant doch etwas zurückhaltender.

Auf dem Heimweg denke ich: In Gottes Haus sind offenbar doch so viele verschiedene Wohnungen, in denen der Glaube einziehen kann. Die Arten und Weisen, wie wir Gott begegnen, wie wir mit ihm sprechen, von ihm sprechen, wie wir beten und singen, das ist je nach Herkunft, Prägung, Frömmigkeitsstil anders talentiert. Aber niemand kann was dafür. Und wir geben dann weiter, was wir empfangen haben. Konkurrenzlos gut und vielfältig, wie an Pfingsten.

Schade für die Vorurteile, aber so kann ökumenisch und interreligiös miteinander gelebt werden. Das hat Zukunft.

AUSBLICK Weiterfragen

Kann ich das Gute bei anderen erst anerkennen, wenn ich selbstbewusst dankbar bin?

JESUS-FRAGEN

Segnender Christus

Weiterfragen

Für wen haltet ihr mich? (Matthäus 16,15)

Erster Blick

Meinungsumfragen sind in. Es gibt nichts, wozu man uns nicht befragt. Alle Bedürfnisse, Wünsche, Befindlichkeiten sind Stoff für Erhebungen. Spitzenreiter aller Umfragen sind die, die nach Image und Ruf, nach Ansehen und Öffentlicher Meinung forschen. Prestigebarometer gibt es für alles Mögliche. Wer sind die angesehensten Politiker, Sportler, Stars und Sternchen.

Jesus will es auch wissen. Ihm ist an seinem Image, an seinem Ruf gelegen. Er möchte gerne für jemanden gehalten werden. Ihm ist es wichtig, zu erfragen, wie seine Leute über ihn denken. „Raus mit der Sprache!", sagt er. „Wer bin ich denn für Euch? Bin ich wer für Euch? Wer bin ich. Und wenn ja, wie viele?"

Das Meinungsbild ist ihm wichtig. Damals, heute, immer noch. Immer mehr. Fragwürdig möchte er sein. Wenigstens das. Auf jeden Fall nicht egal überall. Dass man nach ihm fragt, sucht, herausfinden will, was er will, was er macht.

Die Frage steht im Raum. Wie lautet unsere Antwort?

Zweiter Blick

Die Frage Jesu steht an einer Schnittstelle des ersten Evangeliums. Weit weg von den vertrauten Orten Galiläas. In der Gegend von Cäsarea Philippi. „Ganz im Norden Israels an der Jordanquelle" (Ulrich Luz). Wer ist er wirklich? Jesu erste Frage gilt nur der Meinung der Leute. Die Jünger können leicht wiedergeben, was an Meinungen umläuft. Manche halten ihn für einen neuen Johannes den Täufer, andere für den großen Propheten Elia oder für Jeremia oder für sonst einen Propheten.

Dann aber wird es ernst, mit der Frage: „Für wen haltet *ihr* mich?" Nun sollen sie selber Farbe bekennen. Können sie das? Aus dem Kreis der Zwölf riskiert hier nur Simon eine Antwort: „Du bist Christus, des lebendigen Gottes Sohn". „Christus" meint, was im Hebräischen „Messias" heißt: nicht weniger als der „Gesalbte Gottes", der Befreier und Retter Israels in der Endzeit, auf den das Volk seine ganze Hoffnung richtet; dazu auch der „Sohn Gottes". Jesus spricht Simon selig. Nur der „Vater im Himmel" konnte dem Fischer Simon diese Erkenntnis schenken. Eine Erleuchtung von oben. Simon wird von da an einen neuen Namen tragen: „Petros", der Fels. Auf diesen Fels wird Jesus seine Gemeinde aufbauen. Ja: „Ich will dir die Schlüssel des Himmelreichs geben."

Weiß Simon Petros schon, was er eben bekannt hat? Und begreift er wirklich, *wie* Jesus der Messias Israels sein wird? Direkt nach dieser Szene kündigt Jesus sein Leiden und seinen Tod an. Ein Messias, der scheitert? Petrus erhebt heftigen Einspruch. „Herr, das widerfahre dir nur nicht!" Und er muss sich von Jesus als „Satan" zurückweisen lassen. Auch Petros, der Fels, wird schwanken und Jesus verraten. Was er bei Cäsarea Philippi mit traumhafter Sicherheit erfasst hat, wird erst durch viele Irrungen klar werden.

Augenblick

Gott ist wohl ziemlich neugierig. Ihn interessiert offenbar, was in der Welt geschieht. Und da ist er wohl auf die himmlische Idee gekommen, sich das Ganze einmal von unten anzusehen. Und damit er aber auch wirklich alles hautnah mitbekommt, hat er einen Kundschafter geschickt. Und dieser Kundschafter hat ganz klein angefangen, so wie wir alle.

Und dieser Kundschafter heißt Jesus. Mit ihm ist er auf die Welt gekommen und hat als Kind erst einmal laufen gelernt. Familienleben, Zusammenleben mit Eltern und Geschwistern, Beruf erlernen, als Zimmermann bei seinem Vater arbeiten und so allerhand unter Dach und Fach bringen.

Stück für Stück hat er sich ein Bild gemacht von dieser Welt und dem Leben im Alltag und in der freien Wildbahn der Normalität. Hat Streiten und Streicheln gelernt, hat erfahren, wie man sich Freunde sucht und Feinde macht.

Ist mit 30 Jahren dann auf und davon und hat als Wanderprediger und Wundertäter von sich Reden gemacht. Hat die einen begeistert und die anderen erschreckt. Mit seiner Art und Weise von Gott zu reden ist er skandalös angeeckt. Derart weltlich hat er den Leuten erklärt, wie Gott ist – mit Bildern und Geschichten aus dem vertrauten Tagwerk. Hat erzählt von Schafen und Vögeln und vom Säen und Ernten, vom Feste feiern und Sachen verlieren, vom Weglaufen und Heimkommen, vom Versagen und Verzeihen. So anschaulich und konkret hat niemand zuvor von Gott gesprochen.

Jetzt konnten sich die Leute endlich auch ein Bild von Gott machen. Jesus ist sozusagen, das schärfste Bild von Gott, das es je zu betrachten gab und gibt.

Und dann hat er geholfen und geheilt, geliebt und gekämpft, hat gegessen und getrunken, geweint und gelacht, gebetet und gearbeitet. Und am Ende hat er nicht nur gewusst, wie es sich anfühlt geboren zu werden und auf die Welt zu kommen, sondern auch, wie es ist zu leiden und zu sterben und aus der Welt zu gehen. Sein Rundgang durch das Erdenreich war komplett und außerordentlich vielseitig. Ihm ist nichts fremd, was uns je geschehen könnte und tagtäglich geschieht. Ihm müssen wir nichts erklären. Ihm können wir einfach alles zeigen. Und dann nickt er und versteht. Und weil unser Glaube ihn bei Gott weiß und bei uns zugleich, ist er für immer und ewig der Kundschafter für das Leben vor und nach dem Tod. Ein Brückenbauer wie aus dem Bibelbuch.

AUSBLICK Weiterfragen

Kann man was von Jesus halten,
ohne sich an ihn zu halten?

Mein Gott, mein Gott, warum hast du mich verlassen? (Matthäus 27,46)

Erster Blick

Jesus hat Gott verloren. Er findet ihn nicht mehr. Ausgerechnet der Gottessohn fühlt sich von Gott verlassen. Und er schreit es mit den alten Worten aus sich heraus, die schon Generationen vor ihm geprägt haben. Gott zu verlieren ist nämlich nicht neu. Das Problem ist alt – und neu. „Unbekannt verzogen!", scheint Gott von Zeit zu Zeit. Menschen beten und suchen und finden ihn nicht. Finden ihn nicht gut. Finden ihn unmöglich. Glänzt Gott durch Abwesenheit? Ist denn gar kein Verlass mehr auf ihn? Schmerzhafte Gotteserfahrung im Vermissen seiner Nähe. Und selbst ein Jesus muss diese Erfahrung machen, wie wir. Betend, also Gott zugewandt, greift er ins Leere. Das ist ein realer Teil der Gottesbeziehung. Niemand bleibt verschont. Jesus und wir sind solidarisch verbunden in der atemberaubenden Erfahrung von Abwesenheit Gottes. So etwas schweißt zusammen. Für immer.

Zweiter Blick

Der Psalm 22 beschreibt die Gottverlassenheit mit einer beängstigenden Tiefe. Da ist viel Platz für alle, die ihre abgründige Gottesferne unterbringen wollen. Aber da ist auch die Erinnerung an erfahrene Bewahrung von Geburt an. Daraus wächst die logische Bitte um erneute Zuwendung Gottes im Hier und jetzt.

Da gibt es eine Addition von Ausweglosigkeiten, die kaum zu überbieten sein dürfte. Aufgezählt werden: der Spott der Feinde, fiebrige Krankheit, Gottes Unerreichbarkeit.

Die Wende artikuliert sich in Vers 22 mit der Zusage, dass Gott gehört hat, zugehört, wahrgenommen hat. Und jetzt folgt ein Ausmaß an Dankbarkeit, das grenzenlos von sich über die Gemeinde sich über die ganze Welt erstreckt, sogar über die Welt der Toten. Das ist ziemlich einmalig unter den 150 Psalmen. So mündet die schier unerträgliche Erfahrung der Distanz zu Gott mit einem ebenso grenzenlosen Hymnus auf dessen zuverlässige Nähe.

Beides ist Teil des Lebens mit Gott. Und es gibt Zeiten, da ist nur das fassungslose WARUM das alles bestimmende Lebensthema. Für Jesus. Für uns alle.

Augenblick

Eric Emanuel Schmitt beschreibt in seinem Buch „Oskar und die Dame in rosa" den Leidensweg eines kleinen leukämiekranken Jungen. Er liegt im Krankenhaus und alle wissen, dass er sterben muss. Aber niemand will es wahrhaben. Die Eltern nicht. Wie sollten sie das auch können? Aber auch die Ärzte lassen es nicht zu, sprechen es nicht aus, flüchten in Aktionismus. Nur Oma Rosa, die macht es anders. Die besucht ihn regelmäßig und redet offen. Auch über den Tod. Auch über Gott. Auch über das Sterben und das Leben und wie man das eine in das andere bringt. Eines Tages schlägt Oma Rosa einen Besuch bei Gott vor. Oskar ist verwundert, dass der auch in der Klinik sein soll, lässt sich aber bereitwillig darauf ein. Sie gehen in die Krankenhauskapelle. Und schon beim Betreten derselben ist Oskar geschockt.

Er sieht im Altarraum den gekreuzigten Jesus und erschrickt sich maßlos. Sie gehen nach vorne, schauen sich alles genau an und Oskar fragt kritisch nach, ob Oma Rosa ernsthaft denkt, dass der da irgendwie helfen kann. Wo es ihm so dermaßen schlecht geht. Da ist doch eine Unterstützung absolut ausgeschlossen. Der, der so da hängt, ist ja selbst hoffnungslos verloren.

Da kommt es zum Spruch. Jetzt wird es ernst. An dieser Stelle des Buches hält man als Leser wirklich den Atem an, als Oma Rosa tatsächlich fragt, was für einen Freund Oskar in seiner Situation jetzt wirklich braucht. Ob es ein unschlagbarer Held sein soll, den nichts umhauen kann, der allem überlegen und unversehrt ist. Oder ob es besser einer sein sollte, der weiß wie sich das anfühlt, voller Schmerz und Leid und Traurigkeit zu sein. Oskar muss nicht lange nachdenken. Er entscheidet sich für den am Kreuz, weil er sagt, der weiß Bescheid, der kennt sich aus, dem muss ich nichts erklären. Jesus kennt sich mit Kreuzschmerzen aus und kann deshalb mitgehen, wenn wir unser Kreuz tragen. Ohne diesen Schrei nach dem WARUM, wäre Jesus nur ein guter Coach für Gute Zeiten. Mit diesem Psalmwort auf den sterbenden Lippen wird er zum glaubwürdigen Krisenmanager und Testpiloten, was unsere Abstürze in die Turbulenzen der Einsamkeit betrifft. Abgrundtauglich mit hohen Aufstiegschancen. Freund in der Not.

AUSBLICK Weiterfragen

Ist auf Gott auch dann noch Verlass, wenn er uns scheinbar verlässt?

Wer ist meine Mutter und wer sind meine Brüder?
(Markus 4,33)

Erster Blick

Jesus ist nicht von schlechten Eltern. Ganz bestimmt nicht. Was die alles in Kauf nehmen mussten. Maria kommt wie die Jungfrau zum Kind. Josef der Zimmermann hat alle Mühe, die Sache unter Dach und Fach zu bringen. Und als man denken könnte, dieser Jesus wäre mit 30 jetzt bei Verstand, steigt er aus dem ordentlichen Handwerk aus und wird zum unsteten Wanderprediger und Wunderheiler. Und Maria sucht und findet ihn. Zusammen mit den Brüdern. Aber sie kommen nicht an ihn ran.

Er ist drinnen, sie draußen. Draußen vor der Tür lassen sie ihm ausrichten, sie wären da und möchten wahrgenommen werden. Das kommt eben in den besten Familien vor, dass mal einer ausrastet, von der Rolle ist, wegläuft, Dummheiten macht. Dann muss man ihn halt wieder zur Vernunft bringen. Aber Jesus kennt seine Leute nicht mehr. Er hat seine alten Bindungen aufgelöst.

Da staunt Maria und die Brüder wundern sich …

Zweiter Blick

Jesu Botschaft spaltet die Hörerschaft. Seine Ansage des nahen Gottesreichs findet Zulauf, Begeisterung, Dank. „Denn er heilte viele, sodass sie über ihn herfielen, damit ihn anrührten alle, die geplagt waren" (Markus 3,10). Bald hat er einen Kreis von zwölf Jüngern berufen, „dass sie bei ihm sein sollten" (3,14), und sein Evangelium mit „Vollmacht" zu den Menschen bringen. Doch von Anfang an trifft ihn auch Widerstand. Fromme Pharisäer nehmen Anstoß an seinen Heilungen. Eine Sabbat-Heilung löst früh den Beschluss aus, „dass sie ihn umbrächten" (3,6).

Und nun gar der offene Konflikt mit seiner Familie? „Seine Mutter und seine Brüder" wollen mit ihm reden. Halten sie einfach für „verrückt", „von Sinnen", wie Markus sarkastisch anmerkt? (Markus 3,21) Auch wenn sie es gut mit ihm meinen: die Worte Jesu verstören. „Wer ist meine Mutter und wer sind meine Brüder?" So fragt er in die Menge hinein, die ihn umgibt. Die äußeren Familienbande können ihn nicht festhalten. Für ihn wird ein neues Miteinander wichtig. „Wer Gottes Willen tut, der ist mir Bruder und Schwester und Mutter." „Der Durchbruch in die Freiheit vom Willen der Familie, der Mutter und der Geschwister ist zutiefst religiös bestimmt" (Peter Köster). Aber wie mit dieser Offenheit zurecht kommen? Beachtenswert, dass bei Jesus von „Schwestern", nicht nur von „Brüdern" die Rede ist. In der neuen Familie soll es „auch für Frauen einen ebenbürtigen Platz" geben. Das Manifest einer anderen Geschwisterlichkeit!

Augenblick

1985 ist ein Lied um die Welt gegangen. Es hat alle Rekorde gebrochen und wurde ein sensationeller Erfolg. Die 45 damals erfolgreichsten und berühmtesten Pop-Stars haben mitgesungen. Jeweils eine Zeile, eine Sequenz, ein kleines Stück. Grund für diese außergewöhnliche Aktion ist eine Hungersnot in Äthiopien gewesen. Sie hat über eine Million Menschen das Leben damals gekostet. Darunter eine sehr große Zahl von Kindern. Sie trifft es immer am härtesten, wenn es weder Brot noch Wasser gibt. Die Weltgemeinschaft stand unter Schock. Verantwortungsgefühle kamen tatsächlich auf. Solidarität und Betroffenheit gaben den Ton an. Und so kam es schließlich zu diesem besonderen Lied. Harry Belafonte hatte die Idee, Lionel Richie komponierte, Michael Jackson textete und innerhalb von 28 Tagen war es in Hollywood im Kasten. „We are the World, we are the Children". Kaum ein Lied hat so viele Auszeichnungen und Preise gewonnen. Gewonnen aber hat es vor allem wegen seiner Botschaft. Im Lied heißt es nämlich:

„Wir sind die Welt, wir sind die Kinder, wir sind diejenigen, die einen helleren Tag machen können, also lasst uns anfangen zu geben, wir haben die Wahl, wir retten unser eigenes Leben.

Es ist wahr: Wir werden einen besseren Tag machen, nur du und ich!

Oh schick ihnen dein Herz, damit sie wissen, dass es jemanden interessiert und ihr Leben wird stärker und freier sein.

Es kommt die Zeit, da die Welt zusammenstehen muss, weil Menschen dort sterben.

Es ist an der Zeit, Hand anzulegen.

Wir sind alle ein Teil von Gottes großer Familie.

Liebe ist alles, was wir brauchen!"

We are the World, we are the Children!

Es ist Jesus, der die Verwandtschaftsverhältnisse neu definiert. „Wer ist meine Mutter und wer sind meine Brüder?", fragt er und verweist uns über die engen Blutsverwandtschaft hinaus an unsere weltweite Familie und an die Zuständigkeit und Verantwortung für das Große und Ganze.

1985 ist lange her. Die Not aber ist zeitlos und aktuell. Wir können viele Lieder davon singen. Es wird Zeit für eine neue Strophe gegen die Katastrophen!

AUSBLICK Weiterfragen

Kann sich die Weltfamilie
weiterhin so egal sein?

Warum weint Ihr? (Markus 5,39)

Erster Blick

Tränen lügen nicht! Wenn Menschen weinen, dann haben sie einen Grund. Und sie sind ehrlich. Tränen sind kein Versehen, keine Schande. Erstrecht, wenn etwas Schlimmes passiert, wenn Kummer und Leid alles außer Rand und Band bringen. Wenn das Leben auseinanderbricht, weil jeder Halt verloren geht. Dann weinen wir.

Aber Jesus fragt so, als ob es gar nicht nötig wäre, als ob es überflüssig ist, dass Tränen gerade fließen. Gibt es außer dem „zu früh gefreut" auch das „zu früh geweint"?

Tränenreich ist unsere Welt doch. Die Statistiker, es ist wirklich zum Heulen, haben natürlich auch dazu Zahlen ermittelt und behaupten, der Mensch würde im Durchschnitt 69,5 Liter an Tränen vergießen. Wenn das mal nicht völlig untertrieben ist. Zumal die meisten Tränen im Verborgenen geweint werden. Die sind dann schon mal in die Berechnung gar nicht mit eingeflossen.

Es wird viel zu viel geweint allerorten. Und Jesus fragt nach dem Grund. Grundlos wird ja nicht geweint. Ob es aber auch Gründe gibt, nicht weiter zu weinen?

Zweiter Blick

Ein zwölfjähriges Mädchen liegt im Sterben, und der Vater setzt alles daran, um Hilfe zu finden. Jairus (dieser Name ist hier überliefert) drängt sich durch eine große Menschenmenge durch. Er beugt sich vor Jesus, er fällt ihm zu Füßen und bringt die flehentliche Bitte für seine Tochter vor. Dieser geachtete Mann, ein Vorsteher der Synagoge, nimmt alles auf sich, um nur Hilfe zu finden.

Jesus sagt zunächst kein Wort, doch er macht sich mit dem Vater auf den Weg. Eine kranke Frau hält ihn auf. Kommt Jesu Hilfe zu spät? Schon trifft die Nachricht ein, dass die Tochter des Jairus gestorben ist. Als Jesus ankommt im Haus, wird schon die Trauer inszeniert. Weinen und Heulen, Tumult. Und dann die Frage Jesu, eine Provokation sondergleichen: „warum lärmt und weint ihr?" Wer kann die Trauer um den Verlust eines Kindes gefährden?

Jesus wird hier gezeigt als Anwalt des Lebens, auch in extremer Aussichtslosigkeit. Nur mit Vater und Mutter geht er hinein zu dem Mädchen, gemeinsam mit seinen vertrautesten drei Jüngern. Fasst das entseelte Kind an der Hand und spricht: „Mädchen, ich sage dir, steh auf!" Dieser Ruf Christi gegen den Tod hat sich so eingeprägt, dass Markus die aramäische Fassung wiedergibt: „Talita kum!"

Markus schreibt aus dem Gauben, dass mit Jesus das Leben Gottes ins Diesseits eingreift. Er, der auferstanden ist, kann überraschend Leben wecken. Er verbietet nicht das Weinen der Traurigen. Er weint selber über den Tod des Freundes Lazarus (Johannes 11,35). Aber er widersteht dem Kult des Todes. Er öffnet die Tür zu einem Leben, das der Vergänglichkeit trotzt. Die Geschichte von der Tochter des Jairus bietet nur ein Zeichen dafür. Das „Talita kum" werden noch viele hören.

Augenblick

JESUS, Du schätzt sie nicht gering, die ehrlichen Tränen. Bei dem Vater, der um seine Tochter kämpft (Markus 5). Bei der Witwe, die ihren einzigen Sohn verliert (Lukas 7,11 f.). Bei so vielen, von denen es heißt: „sie gehen hin und weinen" (Psalm 126,6).
„Weinen hat seine Zeit" (Prediger 3,4). Du erlaubst allen eine Zeit zum Weinen. Du redest uns die Trauer nicht aus. Tränen, die andere verstehen. Und unsere Traurigkeit, die wir kaum mitteilen können. Du sprichst: „Selig sind die Leid tragen ..."
„Weinen Sie ruhig, es ist keine Schande, sich nicht trösten zu lassen mit Krims und Krams, mit Ersatz und Kommtsonnenschein, haben Sie keine Angst, sich dem Schmerz zu geben ..." (Dorothee Sölle).
Weinst du nicht selbst über das Schicksal der heiligen Stadt Jerusalem? (Lukas 19,41) Und über deinen todgeweihten Freund Lazarus? (Johannes 11)
Jesus, und doch fragst du uns: „warum weint ihr? Deine Frage fordert heraus. Ja, sie tut weh und macht hilflos. Wie passt sie zu Dir? Ich möchte Dich verstehen.
Die Evangelien geben mir eine Ahnung: In Dir kommt eine Kraft von Gott, die aufatmen lässt. Eine Lebens-Macht, eine Liebes-Energie, die das Leid, ja den Tod überwindet.
So meinen es alle Geschichten der Evangelien. So sieht es Paulus und die Briefe des Neuen Testaments. Ja, so habe ich es bei manchen erlebt: die innere Gewissheit auf den Tod zu, eine Zuversicht jenseits der Tränen.
Jesus, hilf uns, das Mitweinen, das Mitfreuen zu lernen, die Tränen ernst nehmen und nie zu verachten.
Lass uns Dein Wort immer inniger aufnehmen: „ICH bin die Auferstehung und das Leben". Schenk uns die Kraft, trostlos oder getröstet, bei DIR zu bleiben. Der Du bei uns bleibst und uns zum LEBEN führst in GOTT.

AUSBLICK Weiterfragen

Kann Weinen nicht eine Begabung sein, die wir pflegen sollten?

Wer ist der Nächste gewesen? (Lukas 15,36)

Erster Blick

„Der Nächste bitte!" Der Nächste wird aufgerufen. Weil er dran kommt. Weil er an der Reihe ist. Im Wartezimmer des Lebens sitzt er. Der Nächste muss geduldig sein. Es dauert lange, bis er gerufen wird. Aber dann gilt es, aufzustehen und den Raum zu wechseln. Sich zu bewegen, sich zu verändern. Es wird Begegnung geben, Austausch, Gespräch. Ein Suchen und Untersuchen. Es wird um Gesundheit und Krankheit gehen. Um Genesung und Therapie. Um Leben. Um alles.

Der Nächste kommt nahe, sucht Nähe und lässt Nähe zu. Abstand braucht er aber auch. Auf das Dazwischen kommt es an. Auf die Balance. Jesus fragt nach dem, der die Kompetenz zum Blick auf das Naheliegende hat. Nächster werden, will gelernt und eingeübt werden. Im Trainingslager sind die Kandidaten für dieses Experiment immer. Was liegt näher, als dafür mit dem Konditionstraining zu starten, anstatt länger zu warten …

Zweiter Blick

„Wer ist mein Nächster?", hatte der Schriftkundige kritisch gefragt. Wer seinen Nächsten lieben soll, muss doch wissen, wer gemeint ist. Nur bei Lukas finden wir als Antwort Jesu die wunderbare Geschichte von praktischer Liebe.

Auf dem Wüstenweg zwischen Jerusalem und Jericho war es gefährlich. Weh dem, der „unter die Räuber" fiel! Da liegt einer ausgeplündert, verletzt am Weg. Angewiesen auf schnelle Hilfe. Zum Glück finden sich zwei andere Passanten ein, die helfen könnten. Zuerst ein geweihter Priester, und dann ein Levit. Beide fromm von Beruf, kundig in den Geboten Gottes. Aber beide gehen sie weiter, ohne dem Verletzten beizustehen.

Und dann kommt ein Mann aus Samaria. Ausgerechnet einer, der im damaligen Verständnis nicht den richtigen Glauben hat. Kein wahres Mitglied des Gottesvolks. Aber gerade der wendet den Blick nicht ab. Er versorgt den Verletzten, leistet erste Hilfe. Ja, er bringt ihn in eine Unterkunft und lässt ihn dort weiter pflegen, auf eigene Kosten.

„Wer ist mein Nächster?" Jesus erzählt diese Geschichte, die ewig zu denken gibt. Am Ende seine Frage: „Wer von diesen dreien, meinst du, ist der Nächste gewesen dem, der unter die Räuber fiel?" Er kehrt die Blickrichtung um und fragt vom Opfer her. Lieben hieße: diesen Blickwechsel riskieren. Wer braucht mich momentan am nötigsten? Bemerkenswert: Der kritische Fragesteller wird nicht abgefertigt. Er kann neu überlegen und vielleicht zustimmen. Der Nächste ist der, „der die Barmherzigkeit" wagt.

Augenblick

Die Frage kann theoretisch gestellt werden: Anlass für Symposien, Enquete-Kommissionen, Planungsstäbe. Wer ist, um Himmelswillen, der Nächste? Auch die Frage des Schriftgelehrten kann so verhandelt werden.

Was mir in der Antwort Christi am meisten auffällt, ist die Umkehrung der Blickrichtung. Der Überfallene, der hilflos am Boden liegt, braucht dringend erste Hilfe. Er wartet auf einen Nächsten, eine Nächste, die sich seiner Verletzungen annehmen und praktische Hilfe leisten – nicht auf eilige Passanten. Was hilft uns, diese veränderte Blickrichtung zu finden? Manche Ausleger meinten: vielleicht ist Christus selber der Samariter, der dafür mit seinem Geist beisteht?

Gewiss geht es nicht immer um einen Überfall und aktive Hilfe im Augenblick. Wie aufmerksam können wir für die Fremden werden, die ganz in unserer Nähe leben, vielfach entwurzelt, mit vielen verwunderten Fragen? Ich denke wieder an einen „Nächsten" in meinem ersten Studiensemester in Mainz. Wir teilten miteinander das Zimmer, wir waren uns wirklich nahe. Ein Ghanäer und ein Pfälzer, er studierte Wirtschaftswissenschaft, ich Theologie. Er erzählte von seinen acht Geschwistern und hatte viele Fragen. Ich staunte, wie selbstverständlich er morgens und abends in der Bibel las. Er fragte mich manches Mal, wie ich eine Stelle verstehe. Nicht selten war ich überfragt. Mit seinem Englisch hatte er in Mainz einige Schwierigkeiten, Alltagshilfe war also erwünscht. Das war spannend und manches Mal lustig.

Wer ist der Nächste? Die Blickrichtung verändern, enthält wohl beides: Planung und Improvisation. Für die Rechte von Fremden einstehen, dem neuen Rassismus aktiv Widerstand leisten. Bis in Regelungen und Gesetze hinein. Aber auch: die Freiheit gewinnen, um im Augenblick präsent zu werden für, mit andern. In einem Band mit vielen Beiträgen zur Geschichte „Der barmherzige Samariter" schrieb 1973 eine Frau: „In der Räuber- und Passantengesellschaft werden immer mehr Menschen Zuschauer." Was Jesus mit dieser Erzählung will? Er will „die Anzahl der Zuschauer verringern zugunsten derer, die mit-leiden mit-handeln" (Dorothee Sölle).

AUSBLICK Weiterfragen

Die Nächstenliebe liegt uns doch gar nicht so fern. Sind wir darin nicht alle Experten?

Wo sind die Neun? (Lukas 17,17)

Erster Blick

Zehn von neun Leuten haben Probleme mit der Mathematik! Wie leicht man sich verrechnen kann. Ausgerechnet bei einer grandiosen Hilfsaktion, bei der zehn Kranke gesund gemacht werden, weil Jesus das will, ausgerechnet da passiert es. Eine dermaßen schlechte Dankquote!

Einer von zehn kommt zurück und bedankt sich brav. Und Jesus hätte wohl auch mit den neun anderen gerechnet. Denkste! Aus den Augen, aus dem Sinn. Die Leute leiden an einer chronischen Vergesslichkeit. Kaum, dass ihnen das Leben gerettet worden ist, kaum dass sie wieder zurück in die Normalität eines gesunden Lebens zurückfinden, da haben sie schon gänzlich den vergessen, dem sie das alles verdanken.

Jesus vermisst die Neun bis heute. Alle Neune!

Zweiter Blick

Die Frage Jesu steht in einer wundersamen Heilungsgeschichte. Zehn Aussätzige rufen Jesus um Hilfe an. Bei einem Dorf irgendwo zwischen Galiläa und Samaria. Mit dem Mut der Verzweiflung durchbrechen sie die Kontaktsperre. Das Unglaubliche geschieht. Jesus sieht sie an und spricht zu ihnen. Sie sollen sich dem Priester zeigen, der nach dem Gesetz feststellen kann, dass ein Aussätziger geheilt ist (3. Mose 14,2–3). Auf Jesu Wort hin machen sie sich auf den Weg. „Und es geschah, als sie hingingen, da wurden sie rein." Ein unvorstellbarer Jubel!

Aber damit ist die Geschichte nicht zu Ende. Einer der Zehn kehrt um, um seinem Helfer Dank zu bringen. Er „fiel nieder auf seinem Angesicht zu Jesu Füßen und dankte ihm". Zu seinem Gesundwerden gehört unbedingt der persönliche Dank. Christus bestätigt ihn und hebt ihn noch höher. „Steh auf geh hin, dein Gaube hat dir geholfen."

Davor die verstörende Frage. „Sind nicht zehn gesund geworden? Wo sind aber die neun?" Es ist eine Frage, die sich an die Leser des Lukasevangeliums richtet. Sie wirkt noch krasser, weil es ausgerechnet ein Samaritaner ist, der seinen Dank persönlich ausdrücken will. Einer aus Samaria: im damaligen Verständnis keiner, der den vollen jüdischen Glauben teilt. Darum von rechtgläubigen Juden gemieden und abgewertet. Ein Fremder. Der sich hier neu isoliert mit seinem Dank, den die andern nicht mitvollziehen. Die Frage Jesu geht weit über diese Evangelien-Szene hinaus. Der Undank durchzieht wie das Lob die Geschichte Israels. „Dankst du deinem Herrn, du tolles und törichtes Volk?" (5. Mose 32,6) Wenn mit Jesus der endgültige Helfer kommt, der barmherzige Retter, wird der Dank umso wichtiger werden.

Augenblick

Ist Undank so schlimm? „Hast du schon deine Dankbriefe geschrieben?" Dieses Danken kann Kindern ganz schön schwer fallen. In Erinnerung bleibt mir die Mühsal von kindlichen Dankbriefen an die Großeltern, vor allem nach Weihnachten. Wir hatten als Geschwister unsere eigene Technik entwickelt. Sehr bald folgte auf ein knappes Dank-Wort: „Nun muss ich schließen und Dich herzlich grüßen." Oma und Opa werden darüber gelacht haben. Was bei Kindern verzeihlich und spaßig erscheint, kann bei Erwachsenen gefährlich werden: der krasse Undank für das ungewöhnliche Geschenk. Ein Einziger von zehn Männern will Jesus danken. Alle haben doch eine einschneidende Rettung vom Aussatz erlebt.

„Wo sind aber die Neun?" Die Frage Jesu kommt nicht aus der Kränkung dessen, der für gute Taten Anerkennung braucht. Das wäre zu klein gedacht bei Ihm, der sich so vielen gegenüber verschenkt, der einen großzügigen Gott verkündet. Jesus geht es um die ganze Heilung. Dem zurückgekehrten Samariter spricht er zu: „Dein Glaube hat dir geholfen". Bei den andern fehlt etwas Entscheidendes. Die alles nehmen, ohne Sinn für das lebenswichtige Geschenk, werden einen Defekt kaum los. „Mir schenkt auch keiner was!" Der Satz ist öfter zu hören, gerade von kerngesunden, robusten, erfolgreichen Leuten Alles selbstverständlich? „Undankbare Zweibeiner" hat Dostojewski solche Leute genannt.

Der Dank öffnet neue Wirklichkeiten. Allerdings will der Gott Jesu Dank nicht erzwingen. Aus der Frage: „Wo sind die Neun?", spricht eine Ohnmacht des heilenden Christus. Er lädt ein zu einem freien und bewussten Dank. Sonst sind die längsten Lobes-Hymnen wenig wert. In einem Kirchenbuch fand ich den Eintrag: „Lieber Gott, ich danke Dir im Voraus für alles." Das klingt mir allzu hochgemut. Aber die eigenen Befreiungs- und Rettungsgeschichten erinnern, aufmerksam in den Gaben den Geber entdecken: So hat die Frage Jesu auch für Unsereinen einen ewigen Mehrwert.

AUSBLICK Weiterfragen

Sind Neunmalkluge immer so undankbar?

Was sucht ihr? (Johannes 1,38)

Erster Blick

Suchen wir was? Suchen wir was Bestimmtes? Inzwischen gibt es ja sogar Suchmaschinen.

Weil wir so sehr auf der Suche sind. Suchen macht Sinn. Wer nichts mehr sucht, hat hier auch nichts mehr zu suchen. Leben ist Suchen. Wer atmet sucht. Sucht sich und sucht seinem Leben einen Sinn zu geben. Ein Versuch ist es immer noch wert.

Es ist also ein Lebenszeichen, wenn wir noch auf der Suche sind. Und es darf gefragt werden, wonach? Was suchen wir? Wonach halten wir Ausschau? Woran orientieren wir uns, wenn wir suchen. Wer ohne Ziel sucht, der irrt, der verirrt sich bald im Nirgendwo.

Jesus fragt die Suchenden nach ihrer Absicht. Damit sie zu Pfad-Findern werden und nicht verwegene Sehnsüchtige bleiben. Er möchte sie zum Aufbruch anspornen. Alles Weitere findet sich und mich.

Zweiter Blick

Seine Frage zuerst. Das erste Wort im dem vierten Evangelium aus dem Mund Jesu Christi, das ist diese Frage. Zwei Jünger Johannes des Täufers haben sich zu Ihm auf den Weg gemacht. „Siehe, das ist Gottes Lamm", haben sie über Jesus gehört. Nicht zuerst vom Hirten, sondern vom Gottes-Lamm.

Was treibt die beiden an? Die Frage Christi ruft sie zu einer ehrlichen Selbst-Prüfung. Religiöse Abenteuerlust wird nicht ausreichen. Wohin weist ihre Sehn-Sucht? Auf die Frage nach ihrer Suche antworten sie mit einer eigenen Frage: „Rabbi, das heißt übersetzt: Meister, wo ist deine Herberge?" Die revidierte Lutherübersetzung gibt die Frage so wieder: „Wo bleibst du?". Ihn suchen, heißt: eine Ahnung gewinnen von seinem Zuhause, seiner Herberge, seiner Heimat, das heißt für den Evangelisten: seiner Zugehörigkeit zu Gott. Die Suche führt dorthin, wo sie Christi eigentliche Herkunft, seine Einheit mit Gott erspüren und entdecken.

Jesus lädt sie ein: „Kommt und seht!" Wieder ein kurzes Wort, weitreichend und mehrschichtig. Ebenso wie die Zeitangabe am Ende der Szene. „Es war aber um die zehnte Stunde" (1,39). Die zehnte Stunde (16 Uhr) gilt als Beginn der Vorabendzeit, symbolisch die „Endzeit", die wahre „Heilszeit" (Ulrich Wilckens). Die Jünger werden von immer neuen Seiten im Gauben erfahren, wer Christus ist: Brot des Lebens und Licht der Welt, Gottes Hirte und Gottes Lamm, „Weg, Wahrheit und Leben". Im Suchen, Finden und neuem Suchen.

Augenblick

Ja, was suchen wir? Was suche ich? Über die Augenblicksfreuden, die Tagesaufgaben hinaus? Viele geben dem Ziel ihrer Suche Namen wie Sinn oder Heimat, Geborgenheit, Wahrheit, Glück, menschliche Nähe. Eine Suche nach Gott anders und ohne Zerrbilder? Mit einem Lied aus England: „Da wohnt ein Sehnen tief in uns, o Gott, dich zu sehn, dir nah zu sein. | Es ist ein Sehnen, ist ein Durst nach Glück, nach Liebe, wie nur DU sie gibst …" (Neue Lieder, Nr. 116).

Eigentlich ist es ein Glück, so gefragt zu werden von Ihm. „Das Wort ‚Was sucht ihr?', lässt an ähnliche Fragen denken, die er nach seiner Auferstehung an Maria Magdalena, an die Emmausjünger, an die Fischer am See Tiberias richtet … Sie sind Ausdruck liebenden Teilnehmens an ihrem Suchen, ihrer Not, ihrem Mühen; sie öffnet den Gefragten das Herz und den Mund. Jesus beginnt seine Offenbarung für uns damit, dass er uns zuvor für sie öffnet" (Heinrich Spaeman).

Vielleicht dürfen wir diese Anfangsfrage auch persönlich hören. Er wendet sich mir zu: „Es ist, als warte er auf die Schritte meiner Nachfolge. Die ersten Zeichen meiner Liebe und Verehrung zu ihm nimmt er wahr. Je mehr ich in seine Nachfolge komme, desto stärker erfahre ich seine Einladung, desto mehr gewährt er mir, ihn kennen zu lernen" (Johannes Bours).

Und was mir noch wichtiger geworden ist: Mein Suchen wird von Seinem Suchen aufgefangen. Meine Sehnsucht geht nicht ins Unbekannte. Sucht Er mich nicht viel heftiger, als ich Ihn suchen kann? Von einer älteren Frau – Zisterzienserin – hörte ich Sätze, die mich begleiten: „Lange meinte ich, alles kommt darauf an, dass ich Ihn leidenschaftlich und radikal suche. Erst spät habe ich gemerkt: Er selber hat mich schon längst zuvor gesucht und viel intensiver, als ich mir vorstellen konnte."

AUSBLICK Weiterfragen

Was haben wir hier und heute zu suchen?

Willst du gesund werden? (Johannes 5,6)

Erster Blick

Hammerfrage. Einer ist krank, lange schon, chronisch sozusagen, leidet vor sich hin, hat sich abgefunden und hat sich einigermaßen bequem eingerichtet im vertrauten Dilemma. Rechnet auch gar nicht wirklich mehr damit, dass etwas anders werden könnte. Sagt jeden Tag zu sich: „Mir geht's gut, ich kann klagen!"

Und dann kommt da Jesus auf ihn zu und fragt unverschämt, also ohne Scham und Scheu, ob er überhaupt noch daran interessiert ist, dass sich was ändert am vertraut gewordenen Elend.

Kann es sein, dass wir so weit kommen, dass uns das Problem lieber und vertrauter geworden ist als irgendeine Lösung? Dass wir hängen an dem Elend, das uns hemmt und hindert am Leben? Frech ist dieser Jesus mit seiner unausgesprochenen Unterstellung, jemand möchte gar nicht erst, dass sich Gesundheit einstellt, weil das Gegenteil zum vertrauten Feind geworden ist.

„The devil I know, is better, than the devil I don't know!" (Der Teufel, den ich kenne, ist mir lieber als der, den ich noch nicht kenne!)

Zweiter Blick

Das Bild eines Kranken, der nicht mehr weiß, wie es sich anfühlt, gesund zu sein. Achtunddreißig Jahre lang, so notiert der Evangelist, ist er gelähmt, ein hoffnungsloser Fall, „der nur auf den Tod wartet" (Ulrich Wilckens). Am Schaftor in Jerusalem befand sich ein Teich mit Namen „Betesda". Fünf Hallen dienten allen Kranken als Aufenthalt, die vom Wasser des Teiches Linderung, Heilung erwarteten. Aber wie soll einer zum heilenden Wasser kommen, der nach eigenem Bekenntnis „keinen Menschen" hat, der ihm beisteht?

Genau diesem Menschen wendet sich Jesus zu. Die Leser des Johannesevangeliums haben Christus kennen gelernt als den, der in die weltliche Welt den Glanz und die Herrlichkeit Gottes bringt (Johannes 2,11). Der für die Liebe Gottes einsteht (3,16). Sollte die Welt der Kranken davon ausgeschlossen sein? Johannes erzählt nicht viele Krankengeschichten. Umso eindrücklicher ist jede Szene gestaltet. Jesus sieht den Kranken mit eigenen Augen und wendet sich ihm leibhaftig zu.

„Willst du gesund werden?" Die Frage klingt wie ein heilsamer Schock. Was wollte der Kranke anderes als endlich ein wenig Gesundheit? Aber achtunddreißig Jahre können den Willen müde machen. So weckt die Frage Christi zunächst den Willen, die Sehnsucht des Kranken auf. Erst dem, der neu Kontakt zu seiner eigenen Sehnsucht findet, spricht Jesus die Heilung zu: „Steh auf, nimm dein Bett und geh hin."

Johannes zweifelt nicht, dass in der Begegnung mit Christus Unerhörtes und Wunderbares geschieht. Der Langzeitkranke „nahm sein Bett und ging hin" (5,7). Doch es geht nicht um ein einzelnes Mirakel. Die Heilungen heißen im vierten Evangelien „Zeichen". Sie sind reale Sinnbilder eines befreiten Lebens, im Licht Gottes. Die Gegner Christi können das nicht fassen. Eine öffentliche Aktion am Sabbat! Der kurzen Heilungsgeschichte folgt von 5,10–41 ein schier endloser Disput um Jesu Vollmacht (5,10–41)

Augenblick

Wer sich in seinem Dilemma auskennt und eingerichtet hat, kann leicht mutlos werden. „Es ist halt so!" „Da kann man nichts machen!"

Mit solchen finalen Frustsätzen schließen viele Menschen das Projekt Zukunft mutlos ab. Das ist nicht gesund. Das kränkt. Und das macht krank. Da sitzen wir dann da direkt neben dem Teich, der zum Eintauchen und Verändern einlädt und raffen uns nicht mehr auf, weil immer andere zuerst dran kommen. Weil es angeblich sinnlos ist, zwecklos, hoffnungslos. Was ist da los?

Bethesda ist überall, ist da und dort, wo man die Zukunft in den Teich versenkt hat. Beziehungen ziehen nicht mehr, Umstände sind zu umständlich, um geändert werden zu können. Familiäre Verwicklungen werden unter Denkmalschutz gestellt. Ungehaltene Versprechen versanden am Teich.

Menschen neigen dazu, sich so mit den Problemen zu befreunden, dass ihnen die potentiellen Lösungen eher lästig sind. Aber so kommt niemand wieder auf die Beine.

Wenn es nach Jesus geht, dann gibt es da noch eine Option. Und die heißt: *Aufstehn*!

Das ist eine Auferstehung der besonderen Art. Eine Wiederbelebung der totgeglaubten Kräfte in uns. Diese Auferstehung von Mut und Trotz hat verschiedene Namen und Ausprägungen. Sie heißt zum Beispiel „fridays for future! Der Teich hat angefangen Wellen zu schlagen. Und das wird nicht mehr aufhören. Der Aufstand derer, die gesund werden wollen wird nicht mehr niederzuschlagen sein. Wenn die Aufständigen weiterhin anständig dabei bleiben und auf Selbstinszenierungen und Egoismen so gut es geht verzichten, um der Sache Willen, dann wird die Auferstehung des Glaubens, der Liebe und der Hoffnung wie eine ansteckende Gesundheit sich ausbreiten. Lokal, global, überall. Und es wird etwas Neues passieren in meiner kleinen Welt und in unserer weiten Welt. Niedergeschlagen waren wir lange genug. Es reicht mit Teich. Wir stehen auf und können auch anders. Gott helfe uns!

„Willst du gesund werden?" Um Gottes willen *Ja*!

AUSBLICK Weiterfragen

Brauchen wir nicht Mut und Wut, um unseren Zustand zu ändern?

Wollt ihr auch weggehen? (Johannes 6,67)

Erster Blick

Jesus hat fortlaufenden Erfolg. Schon immer. Klar gibt es Anhänger. Viele sogar. Aber immer auch Gegner. Leute, die sich abwenden. Sich distanzieren. Erst kommen – und dann gehen. Laufend.

In der Nähe dieses Wanderpredigers gibt es nur zwei Möglichkeiten. Ganz dabei sein, oder ganz weit weg. An Jesus scheiden sich die Geister. Er provoziert, ist eine Zumutung, fordert Alles oder Nichts. Will seine Leute ganz und gar, oder gar nicht. Was er sagt und tut und wie er lebt, das ist so dermaßen anders. Bei Jesus sein bringt alles außer Rand und Band. Und das ist vielen einfach zu viel. Sie halten es nicht aus – und vorbei. Noch nie war die Nähe zu Jesus eine bequeme unspektakuläre Vergnügungsreise. Immer schon Härtetest, Zerreißprobe, verstörend und anstrengend auch.

Also hauen viele ab. Bis heute. Und das fällt Jesus natürlich auf. Das fällt ihm schwer. Das gefällt ihm nicht. Und er will wissen, was wir zu tun gedenken. Wie es um unsere Fluchtgedanken steht. Ob wir noch Lust haben seine beunruhigten Mitglieder zu sein, oder ihn zum Weglaufen finden.

Zweiter Blick

„Die Speisung der Fünftausend" steht als Überschrift über diesem Kapitel. Jesus vermag den Hunger von Vielen zu stillen. Die Begeisterung darüber ist riesig. Sie wollen Jesus zu ihrem „König" machen. Ein „Brot-König", der als Zauberer alle äußeren Bedürfnisse stillt? Aber Jesus entzieht sich.

Er mutet der Menge ein Gespräch zu, in dem es um ihre Erwartungen und seinen Auftrag geht. Immer mehr ein Kampf-Gespräch gegen Missverständnisse. Ja, er gibt Brot, er ist Brot. „Ich bin das Brot des Lebens" (Johannes 6,35). Das erste der Ich-bin-Worte, das im vierten Evangelium vorkommt. Aber was heißt das? Die Begeisterung des Anfangs beginnt umzuschlagen. Ratlosigkeit macht sich breit. Erst recht, als Jesus ausspricht: „Wer von diesem Brot isst, der wird leben in Ewigkeit" (6,51). „Wer ihn um die Gabe des Lebens angeht, muss wissen, dass er selbst es ist, den er eigentlich will. Er gibt das Lebensbrot also, indem er es ist" (Rudolf Bultmann). Er ist Brot für die Ewigkeit? Die Leser ahnen, dass Christus hier von seiner Passion spricht. Durch seinen Tod hindurch wird er das Lebensbrot sein.

Jesus, der seinen Auftrag vom Himmel her ausspricht, wird zum Rätsel. Auch viele der Jünger meinen nun: „Das ist eine harte Rede, wer kann sie hören?" (6,60). Von den mehr als Fünftausend bleiben am Ende nur Zwölf. An sie richtet Christus die Frage: „Wollt auch ihr gehen?" Er stellt die Nachfolge frei. Immer neu. Und lädt damit ein, Ihm wahrhaftig zu begegnen. Zu erkennen, was wir in Ihm suchen und erfahren.

Augenblick
Hunderttausende verabschieden sich von den großen Kirchen jedes Jahr. Sie werden ihre Gründe haben, auch wenn sie oft nichts davon mitteilen: das Finanzgebaren der Kirchen. Der Widerspruch zwischen Reden und Tun bei den Christen. Die Missbrauchsskandale. Das sind nur einige schmerzliche Stichworte. Schon im 19. Jahrhundert stellte jemand die Diagnose: „Die Christenheit hat das Christentum abgeschafft" (Sören Kierkegaard). Das schmerzt alle, die zu ihrer Kirche halten möchten und nach Kräften sich einsetzen.
Bei allem Respekt vor Kirchenkritik: Die Frage Jesu klingt radikaler. Ihn kümmert nicht die Abwendung von einer Groß-Institution. Er blickt auf die, die sich von Ihm abwenden. Ihm den Rücken kehren. „Wollt ihr auch gehen – von mir?" Manche Kirchenkritiker antworten: Von diesem *Jesus* will ich nicht los! Der imponiert mir weiter. Auf den kann ich mein Vertrauen setzen…
Und wenn Jesus selber in Frage gestellt wird? Zum ersten Mal erlebte ich diesen Schock bei einer Antwort auf die Frage: „Was halten Sie vom Christentum?" Der Schriftsteller Arno Schmidt gab die Antwort: „Nicht sonderlich viel." Fulminant und witzig legte er seine Gründe vor. Darunter auch: „die (mir) ungenügende Persönlichkeit des Jesus von Nazareth". Frechheit? Überlegene Einsicht? Das Büchlein erschien 1957, im Jahr meiner Konfirmation. Schmidts Totalablehnung Jesu tat mir weh. So wie später bei manchen, die sich eine Weile dem Jesus der Evangelien nah wussten.
Immer gab es andere Bekenntnisse. Im gleichen Buch schrieb neben Schmidt auch Heinrich Böll: „Ich glaube an Christus." „Unter Christen ist Barmherzigkeit wenigstens möglich." Alle, denen davon etwas aufgegangen ist: Können sie Jesus einfach hinter sich lassen? Wie, wenn sie Ihn immer neu vor sich haben?
Die Sätze einer Frau lassen mich nicht los, seit ich sie entdeckte. Vera von Trott (1906–1991), die Schwester des Widerständlers Adam von Trott, war nach 1945 beim Aufbau der Kommunität von Imbshausen beteiligt. Sie schrieb als Essenz ihrer Erfahrung mit Jesus: „Er ist der immer Fortgehende. Ich kann mich nicht einrichten mit ihm … Aber er ist auch der, der uns sein Bleiben zugesagt hat, alle Tage, bis an der Welt Ende … Immer ist er erreichbar, der Lebendige. Immer steht er vor der Tür. Immer verhindert er mich, aufzugeben" (In: Da fragte Jesus ihn, 1973).

AUSBLICK Weiterfragen

Kann man wirklich Gott los werden?

Ist Gott für uns, wer mag gegen uns sein? (Römer 8,31) Wer will uns scheiden von der Liebe Gottes? (Römer 8,38)

Erster Blick

Hier fragt Paulus. Nicht Jesus. Das ist schon klar. Aber er könnte so nicht fragen, wenn er den auferstandenen Jesus nicht im Sinn hätte. Wenn es die Frage nach Jesus und seinem Ergehen nicht gäbe. Und weil dieser Jesus womöglich die einzige Antwort anbietet auf die Frage nach dem, was kommt, wenn wir gehen, nehmen wir sie hier auf. Natürlich wird hier nichts schön geredet.

Das Leben auch als Christen ist und bleibt lebensgefährlich. Der Glaube an Gott ist kein Abonnement für dauerhafte Verschonung von Kummer, Leid und Tod. So außerirdisch ist der Glaube nicht. Täglich erleben Menschen ihren ganz persönlichen Weltuntergang. Die Schatten und Gefahren, die Krankheiten und Kränkungen, die Abschiede und Verluste gehören zu uns. Aber wir gehören ihnen nicht. Das ist wohl die entscheidende Message dieser Fragen. Trotz und mit allem Zweifel: Wir gehören unveräußerlich zu Gott. Für immer und ewig.

Reicht das? Können wir damit leben und sterben?

Zweiter Blick

Paulus lebt und glaubt im Augenblick. Und der ist gekennzeichnet von himmelschreiendem Unrecht und unerträglicher Leiderfahrung seiner Zeitgenossen. Die ganze Schöpfung seufzt. Aber im Blick auf Jesus Christus wird aus der kräftezehrenden Frage nach Sinn und Zukunft eine kraftspendende Perspektive. Christus ist die Rettung. Er beantwortet zwar nicht alle Fragen, aber er ermöglicht sie zu relativieren. Er ist schon der Sieger – und die zu ihm gehören, haben daran Anteil, Gewinnanteil.

Der ganze Kosmos kann und wird daran heil werden. Für die vom Geist der Hoffnung erfüllten Leute ist die scheinbare Überlegenheit der bösen Mächte nicht von ewiger Dauer. Das ist das persönliche Bekenntnis des Paulus trotz Verfolgung und Bedrückung. Triumphale Töne hat er da.

Es ist noch kein endgültiger Sieg zu feiern, aber ein trotzköpfiges Widersprechen zu wagen. Immerhin. Gegen alles, was Tod und Verderben bringt, gegen alles menschenverachtende und gottlose Treiben, spornt er an zu einem unbändigen Vertrauen auf Gott.

Richtig unverschämt macht er das, also ohne Scham und Scheu. Weil: Es gibt etwas Größeres als alles, was sich aufbläht in Größenwahn. Keine feindlichen Kräfte können uns ultimativ trennen von Gott.

„Der Mensch lebt und bestehet nur eine kurze Zeit, | und alle Welt vergehet in ihrer Herrlichkeit. | Es ist nur einer ewig und an allen Enden – und wir in seinen Händen" (Mathias Claudius).

Augenblick

Ich habe von jemandem gehört, der keine Angst vor dem Sterben hat. Zumindest keine so große. Und das komme aus einer Kindheitserfahrung, die jetzt wieder ganz stark in Erinnerung sei.

Als kleines Mädchen habe sie immer so schlecht einschlafen können. Es sei einfach nicht gegangen. Andauernd seien ihr große und kleine Dinge durch den Kopf gegangen. Ständig Geräusche, Bilder, Schrecken, Gespenster. Keine Ruhe. Einfach keine Seelenruhe. Und man könne ja nur mit einer Seelenruhe gut einschlafen. Es hätte aber ein Wundermittel gegeben, das immer geholfen hat. Und zwar, wenn ihre Mutter ihr erlaubt hätte, sich ins Elternbett zu legen. Dann sei alles gut und ruhig gewesen. Wie in einem warmen Nest sei sie geborgen und warm eingeschlafen. Traumhaft.

Zu ihrer großen Verwunderung sei sie aber am nächsten Morgen immer in ihrem eigenen Bett aufgewacht. Ein Mysterium. Ein Rätsel zumindest. Unfassbar. Unerklärlich. Lange habe sie sich nicht nachzufragen getraut, dann aber sei es unumgänglich gewesen.

„Wie kann es sein" hätte sie eines Tages ihre Mutter gefragt, „dass ich am Abend in Eurem Bett einschlafe und dann in meinem aufwache?"

„Kind" hätte da ihre Mutter mit einem liebevollen Blick zu ihr gesagt, „wenn du eingeschlafen bist, trägt dich dein Vater immer rüber in dein Bett."

So einfach sei des Rätsels Lösung. Und jetzt, da sie alt und müde sei und an das Sterben denke, da würde sie sich einfach vorstellen und wünschen, dass sich ihre wundersame Kindheitserfahrung wiederhole und sie hier warm und geborgen einschlafen könne, im Glauben daran, dass der himmlische Vater sie hinübertrage. Sie sei auf das Aufwachen sehr gespannt ....

Meine Last
die schwere
ablegen

Meine Angst
die unheimliche
verlieren

Meine Fragen
die unbeantworteten
sein lassen

Meinen Glauben
den zweifelhaften
glauben

Mich GOTT
ganz und gar
überlassen

AUSBLICK Weiterfragen

Wenn Gott will, dass nach dem Tod noch etwas ist, ist es dann nicht angemessen, ihm das ganz und gar zu überlassen?

Rahmenfrage

„Hast du mich lieb?" (Johannes 21,15–17)

„Aller guten Dinge sind Drei!", sagt das Sprichwort. Sprichwörter sind zur Einsicht geronnene Erfahrungen. „Muss ich dir alles dreimal sagen?" Ja, manchmal ist das notwendig. „Dreimal darfst du raten!"
Dreimal hat Jesus seinen Freund Petrus gefragt. „Hast du mich lieb?" Und das war so wichtig und richtig.
Und das kam so: Petrus und Jesus sind ziemlich beste Freunde gewesen. Sie haben allerhand zusammen erlebt. Nicht immer war alles wasserdicht und einwandfrei, manchmal ging Petrus auch baden, wenn er sich mehr auf sich als auf seinen Freund konzentriert hat. Aber im Großen und Ganzen dürfte Petrus schon zu denen gehört haben, denen Jesus am meisten vertraut hat. Bei Zeichen und Wundern stand Petrus immer mit in der ersten Reihe, bei guten und bei schlechten Zeiten auch. Das gehört sich so, wenn man befreundet ist und zusammen durch dick und dünn geht.
Petrus hat aber neben vielen Kompetenzen offenbar auch das Talent zur maßlosen Selbstüberschätzung besessen. Nur so ist es zu erklären, dass er bei der Ankündigung Jesu, ans Kreuz gehen und sterben zu müssen, geradezu ausrastet und diesem Passionsplan heftig widerspricht. Aber Jesus behält die Fassung und behauptet einfach, dass der Kreuzweg unaufhaltsam ablaufen werde. Dass den niemand verhindern oder gar aufhalten kann.
Aber Petrus kann das nicht so stehen lassen. Diese Resignation vor dem Feind. Und deshalb ereifert er sich beim letzten Abendmahl, gerät in Rage und ins Schwören und sagt: „Und wenn ich mit dir sterben müsste, ich werde dich nicht enttäuschen, werde dich verteidigen und nicht zulassen, dass dir etwas geschieht!"
Und man muss anerkennend sagen, dass Petrus zu Beginn des Dramas sich auch anschickt, erheblichen Widerstand zu leisten. Bei der Verhaftung im Garten Gethsemane jedenfalls, greift er zum Schwert und haut einem Soldaten das Ohr ab.
Dafür allerdings wird er ausgerechnet von Jesus gerügt. Keine Verdienstmedaille für erwiesene Tapferkeit, sondern öffentlicher Tadel. „Steck das

Schwert weg! Wer das Schwert nimmt, der wird durch das Schwert umkommen!"
Jesus wird gefangen genommen und zum Verhör geführt. Petrus schleicht hinterher und wartet draußen im Hof. Der Hof ist der öffentliche Ort der Bewährung. Da finden die Auswärtsspiele statt.
Risiko bedeutet: Warten im Hof und sich den Blicken und der Neugier derer aussetzen, die voller Misstrauen und bösen Absichten sind. Der Härtetest für Petrus bahnt sich an im Hof, am Feuer, als er sich unter die Leute mischt, zu denen er nicht passt.
„Du bist doch auch einer von denen, gehörst doch zu diesem Jesus, deine Sprache verrät dich doch …"
Petrus wird erkannt, enttarnt als Komplize des Angeklagten. Aber er leugnet. Er streitet es ab. Er weist entschieden von sich, diesen Jesus zu kennen. Er bricht sein großes Versprechen nicht nur einmal. Er bricht es dreimal. Aller schlechten Dinge sind Drei.
Da kräht der Hahn. Und Petrus weint. Er hat versagt. Im Hof. Draußen in der freien Wildbahn des Lebens hat ihn der Mut verlassen. Die Freundschaft hält diesen Druck nicht aus. Die Treue traut sich nicht. Ängstlich stiehlt sich Petrus davon.
Womöglich kommt das altbekannte Sprichwort, von dem Hühnchen, dass jemand noch mit einem zu rupfen hat, genau da her.
Später, nach Ostern jedenfalls, treffen sie sich ja wieder. Jesus überlebt den Tod und kommt zurück zu seinen Leuten, gibt sich zu erkennen und allerhand andere Rätsel auf.
Und jetzt wird es spannend. Wie wird das Wiedersehen mit Petrus ausfallen? Schließlich liegt er hoffnungslos 0:3 hinten. Das Spiel scheint gelaufen. Aber Jesus kommt gar nicht auf die Idee der Rache, des Vorwurfs, der Revanche.
Stattdessen kommt er geradezu zärtlich und liebevoll auf Petrus zu und fragt: „Petrus, hast du mich lieb?" „Aber ja!" sagt der ganz spontan und unbedacht. Und Jesus fragt ihn noch einmal. Petrus bejaht wieder. Diesmal aber wohl schon etwas nachdenklicher.
Bei der dritten Wiederholung haut es ihn dann aber um, weil er spürt, was da gerade passiert nach der Passion. Da fällt nämlich der Ausgleich und es steht plötzlich 3:3! Das ist die Wiedergutmachung, die Chance zum Neubeginn.
3 mal Verrat.

3 mal Bekenntnis.
Unentschieden.
Offen.
Zwei Gewinner,
Kein Verlierer.
Freunde fürs Leben.
Hoch sollen sie leben.
3 mal HOCH!

Nach jedem Hinterhofdesaster, immer wenn wir mal wieder den Hahn haben krähen hören, kommt Jesus uns entgegen mit der Frage: „Hast du mich lieb?"

Und darum sitzt der Hahn auf dem Kirchturm bis heute, stellt den Kamm in den Wind und erinnert an die Haus- und Hof-Frage. Wie gut, dass man uns alles dreimal fragen muss …

So wie bei jener Begegnung eines Rabbi mit einem jungen Schüler. Der kommt schüchtern und doch zielstrebig in dessen Schule und sagt: „Ich will gerne dein Schüler werden!" Der Rabbi schaut ihn freundlich an, nickt und sagt nur: „Da gilt es, eine Frage zu beantworten, ehe du mein Schüler werden kannst, sag: Liebst du Gott?"

Der junge Mann erschrickt und senkt den Kopf, denkt nach und sagt dann bedrückt: „Nein, das kann ich so nicht sagen. Ich liebe das Leben und habe viele Pläne, aber Gott lieben, dazu bin ich bis jetzt nicht gekommen. Dann passe ich wohl doch nicht hier her!" Und schon wendet er sich ab, um zu gehen.

Der Rabbi aber setzt nach und hält ihn zurück: „Nur mal langsam, mein Junge. Ich will dir eine zweite Frage stellen: Sehnst du dich danach, Gott zu lieben?"

Wieder senkt der Junge nachdenklich seinen Kopf, um schließlich noch trauriger zu werden und zu erwidern: „Ich will ganz ehrlich sein zu dir. Ich sehne mich schon nach so allerhand. Aber nach Gott, sehnen nach ihm, das wäre zu viel gesagt. Das wars dann wohl …"

Entschlossen strebt er dem Ausgang zu, als er den Rabbi ein drittes Mal sagen hört: „Ich muss dich noch weiterfragen. Gib nicht so schnell auf. Sag: Hast du denn Sehnsucht danach, Sehnsucht zu haben, Gott zu lieben?"

Da geht ein Strahlen über sein Gesicht, es ist als ob sich der Himmel einen Spalt breit öffnen würde, so hell, so klar, so aufrecht zugewandt steht er plötzlich da und sagt: „Das ist es! Ja, das kann ich sagen. Das stimmt voll und ganz.

Mindestens so viel ist gewiss: Ich habe Sehnsucht danach, Sehnsucht zu haben, Gott zu lieben!"
„Das reicht!" sagt der Rabbi. „Komm herein. Du sollst mein Schüler sein!"

EIN FAZIT IM DIALOG

Auf dem Weg zu anderen Menschen-, Jesus- und Gottes-Bildern?

Wie ist es uns selber ergangen mit diesem Fragen-Weg? Wir hatten lang vor der Corona-Krise begonnen, und mitten in den Verunsicherungen wollten wir weitermachen. Unser Gespräch am Ende will einige unserer Weg-Erfahrungen im Gespräch erkunden.

K: Ich möchte zuerst sagen: Wir haben miteinander eine intensive Dialogzeit erlebt. Mit Phasen heftigen Zweifels an der Chance unseres Versuchs. Mir sind viele Menschen auf meinen Glaubensstationen neu begegnet. Von meinem Bruder Peter, über Albert Camus, bis zu manchen nicht mit Namen genannten Personen. Zugleich sind mir neue literarische Entdeckungen, Zitate wichtig geworden. Gedichtzeilen von Reiner Kunze und Ulla Hahn. Aber auch der Tscheche Tomas Halik mit seinen radikalen Öffnungen.

L: Mir ist in unserem immer intensiver und offener gewachsenen Dialog vor allem das Staunen und der Respekt gegenüber den biblischen Fragen groß geworden. Und dass sie das sind und bleiben dürfen, was sie sind, nämlich Fragen und keine Antworten. Die beharrliche Verweigerung, sich zu erübrigen und stattdessen bei uns zu bleiben nicht als ein Defizit, sondern als ein Qualitätsmerkmal des Glaubens. Keine Frage ist uns begegnet, die sich hätte aus der Welt schaffen lassen. Das zu begrüßen und nicht dagegen anzugehen, halte ich für eines der bemerkenswertesten Gewinne unseres gemeinsamen Weges.

Gehen wir zunächst ein auf unsere Menschen-Fragen. Hat sich da etwas für dich neu gezeigt?

L: Immer, wenn ich im Leben mit etwas neu begonnen habe, wenn ein neues Arbeitsfeld zu erkunden gewesen ist, wenn neue Themen und Herausforderungen aufgetaucht sind, ist der erste erkennbare Schritt hinein, der Beginn einer neuen Kompetenz damit einher gegangen, dass ich allmählich im Stande war, Fragen zu stellen. Die Menschen-Fragen der Bibel, die wir ausgewählt haben (oder haben sie uns ausgewählt?), sind genauso erste Anzeichen für das allmähliche Vertrautmachen mit dem Land des Glaubens. Mir sind sie zu Sprossen auf der Himmelsleiter geworden. Sie heben uns und bringen uns weiter. Sie lassen uns wachsen. Fragen sind Kompetenzförderer. Ohne Verfallsdatum und Überfälligkeitsrisiko bleiben sie unentwegte Garanten dafür, dass sich die Geschichte Gottes mit seinen Menschen nicht erübrigt, sondern weiterhin und immerzu weiter bearbeitet wird. Die Fragen der Menschen nach Gott und der Welt sind und bleiben ein Teil der ganzen Geschichte, der Beziehungsgeschichte. Sie haben eine Herkunft und sind ein Vermächtnis derer, die uns im Glauben voraus gegangen sind, und sie haben eine Zukunft, weil sie weiterhin Ansporn und Provokation bleiben. Sie beschleunigen und befördern kein Ergebnis, sondern sind in sich Teil eines Ereignisses, das vorerst noch offen und unvollendet bleibt.

K: Mir ist klar geworden, wie viele heute auf der Suche sind. Immer wieder fiel mir der Mann im Krankenhaus ein, den ich als junger Pfarrer nur ein einziges Mal traf. Seine Frage an mich, halb skeptisch und doch erwartungsvoll: „Meinen Sie wirklich, der Glaube ist heute noch interessant?" Diese Frage konnte ich nie vergessen. Ich entdecke so viel Sehnsucht nach gelingendem Leben, nach solidarischen Tun. Das alles könnte durch die Corona-Erfahrungen einen neuen Schub bekommen. Aber ich finde diese Suche schon in manchen Liedern, die sogar im Gesangbuch stehen: „Da wohnt ein Sehnen tief in uns, o Gott, nach dir, dich zu sehn, dir nah zu sein …" (Neue Lieder, Nr. 116), 1973 von Anne Quigley gedichtet. Mir leuchtet ein, was Halik meint: Statt der Unterscheidung zwischen Christen und Nicht-Christen geht es heute um die Differenz zwischen den Suchenden und den Fertigen. Und meine Erfahrung auf dem Weg: Viel mehr sind auf der Suche als wir ahnen. Vielleicht gehört zu meinen Entdeckungen vom Menschen das Zugleich von Würde und Elend, die große Spannweite. Die Widersprüche immer neu.

Und Konturen eines neuen Jesus-Bildes?

K: Da bin ich selber, meine ich, seit langem in Bewegung gewesen und geblieben. Das begann mit dem Schock als 15jähriger, dass ausgerechnet der hochverehrte Albert Schweitzer Jesus nicht für den Messias hielt. Mir selber konnte es nicht genug sein, in Jesus einen maßgebenden Menschen zu verehren, der uns in seine Nachfolge einlädt. „Gott war in Christus", meint Paulus (2. Korinther 5,19). Darum fiel es mir schwer, mich auf die Bergpredigt zu beschränken und Tod und Auferstehung beiseite zu lassen. Aber das ist nur die eine Seite. Ich bin, auch durch unser Projekt, immer tiefer überzeugt: Ganz schlichte, vielleicht dogmatisch fragwürdige Jesus-Bekenntnisse können unendlich wertvoll sein. Bonhoeffer gibt das Beispiel des Arbeiters: „Jesus ist wirklich ein guter Mensch gewesen." Dazu kommt das neue Gespräch mit dem jüdischen Jesus-Bildern. „Bruder Jesus" hat Schalom ben Chorin gesagt. Und auch mich riss die Entdeckung mit, wie tief Jesus in die Propheten- und Gebets-Geschichte Israels hineingehört. Der Jude Jesus, der sich nicht von seinem Volk trennen will! Aber ob wir deshalb auf das Bekenntnis zum „Kyrios", zum „Sohn Gottes", verzichten können? Der Pfälzer Ferdinand Hahn hat 1963 in seinem Buch die Vielfalt die Bedeutungsfülle der „Christologischen Hoheitstitel" dargestellt. Bleibt die Vielfalt solcher Jesus-Bilder nicht auch in Zukunft wichtig? Ich erfahre bei unserem Versuch Jesus neu als jemanden, der mit seinen Fragen überrascht. Der nicht mit Begriffen einzufangen ist. Das hat auch eine persönliche Seite. Die Kraft seiner Auferstehung erfährt nach Paulus jemand, der die „Gemeinschaft seiner Leiden" akzeptiert (Philipper 3,10). Vielleicht ist bei uns der Jesus der radikalen Gebote zu stark hervorgetreten. Für mich wird der Jesus der Evangelien immer einer, der überwältigend gibt, schenkt, verschwendet. Er lebt einen Gott, der als der Heilige seine Menschen mit Liebe überschüttet. Er ist ein „glühender Backofen voller Liebe" (Martin Luther).

L: In der Kinderstube meines Glaubens hat man mir Jesus als den lieben Heiland vorgestellt. Er wurde mir dadurch sehr heilig, aber auch weit weg platziert. Fast himmelweit weg. Später kam er dann ziemlich weit herunter und wurde mir zum radikalen Aufrührer, der die bloße Bereitschaft zu einer Tat mit dem Vollzug derselben gleichsetzte. Da wurden auf einmal Gewalt-Gedanken und Begehren zu bedrohlichen Versuchungen. Und die umwerfende Wucht der Tempelaustreibung machte einen schweren Eindruck von diesem konsequenten Gottesmann. Aber wieder blieb er mir dadurch merkwürdig entzogen.

Fundamental neu begann mein Blick sich zu verändern beim Betrachten des segnenden Christus in der Mitte der fünf Chorfenster der Speyerer Gedächtniskirche. Beim Betreten der Kirche kommt er einem schon entgegen. Er ist Blickfang und Zielpunkt. Und mich hat es ungeheuer beeindruckt, die Wundmale in seinen segnenden Händen zu sehen. Er kommt auf mich zu mit seinen Wunden, aber ohne Heiligenschein. Er ist vom Lebensleid gezeichnet. Er kommt zu mir und ist nicht etwa makellos, unversehrt. Der liebe Heiland ist nicht ganz heil, sondern er trägt geheilte Narben an sich. Seine segnende Gebärde ist autorisiert von dem erfahrenen Schmerz. Ebenso stehen seine durchbohrten Füße auf dem Boden der Tatsachen. Darum kann er zu mir stehen, mir beistehen, für mich einstehen. Dieses Bild ist mir durch die Lektüre von Eric Emanuel Schmitt, „Oscar und die Dame in Rosa" noch lieber geworden. Da sieht nämlich der todkranke Oskar seinen Jesus am Kreuz als einen Leidensgenossen, dem er nichts erklären muss, weil er schon alles am eigenen Leibe erfahren hat. Mit diesem Jesus als Bruder habe ich mich während unserer Fragestunden immer mehr befreundet. Mein Gespräch mit ihm ist dabei immer leiser und nicht mehr so wortlastig wie früher. Ich schaue mehr nach ihm, als ich ihm sage. Wir kommen mit weniger Worten aus und genießen unsere Glücksmomente von Nähe und Vertrauen.

Ob diese Menschen-, diese Jesus-Fragen, diese Menschen-Fragen auch Korrekturen am überlieferten Gottesbild erfordern?

L: Nach unserem gemeinsamen Fragezirkel ist mir Gott viel mehr zur Frage geworden. Das ist gewaltig. Immer dachte ich an ihn als definitive Antwort auf alle Fragen. Und sicher sind in seinem Hoheitsgebiet auch alle Antworten zuhause. Aber sie sind und bleiben mir weitgehend verschlossen. Noch. Jesus hat eine ganze Menge Antworten in die Welt gebracht. Aber auch er hat fragwürdige Anteile im Umgang mit seinem himmlischen Vater. Gott ist würdig, gefragt zu werden. Ich habe nicht mehr den Anspruch an meinen Glaubensweg, dass er mich zur Plausibilität und völligen Erkenntnis führt. Wenn Gott die Antwort auf alles ist, dann interessieren mich jetzt mehr noch die Fragen als je zuvor. Ich kann immer besser mit dem Übermaß an Fragen leben. Mich quält dieses Dilemma nicht mehr so sehr. Ich begreife es als einen Anteil meines Menschseins. Die vermeintliche Überdosis an offenen oder immer wiederkehrenden Fragen wirft mich nicht mehr auf meine Begrenztheit beschämend zurück,

sondern sie wird mit mir identischer als Demut und Anbetung. Unsere Frage-Expedition hat meine Gottesgedanken stark beeindruckt.
Mehr denn je ahne ich, dass Gott nicht einfach ist. Schon gar nicht ist er nur der liebe Gott. Ihn auf eine betörende Harmlosigkeit zu reduzieren erscheint mir geradezu gottlos. Gottvoll dagegen sind die vielen Fragen, die sich nach ihm ausstrecken und wissen wollen, warum er mitunter so verborgen, so rätselhaft, so fern, so stumm zu sein scheint. Gott ist Gott, größer und anders als alles. Er ist so unglaublich. Das anzuerkennen ist heute Teil meiner Lust, ihn anzubeten. In Jesu Namen tu ich das. Einen anderen Dolmetscher brauche ich nicht. Weil meine Fragen auch seine sind.
K: Immer neu gibt mir das biblische Bilder-Verbot zu denken. Können wir uns ein Bild von Ihm machen, der keine Bilder will? (2. Mose 20) Der uns mit dem Bilderverbot ganz deutlich warnt vor Festlegungen, Projektionen, Fixierungen? Trotzdem ist mir manches immer gewisser geworden. Ich glaube nicht an einen Gott, der Angst macht, der gnadenlos straft. Viel Unglück in der Geschichte der Kirchen ist passiert, weil der Richter-Gott in den Vordergrund trat. Das hat viele Lebensgeschichten zerknickt. Martin Luther hat diese Schrecken hautnah erlebt und der Befreiung vom Richter-Gott ein neues Leben verdankt. Noch in der Corona-Krise kommt die Frage auf: „Womit haben wir verschuldet, dass wir nun so gestraft werden?"
Es genügt mir auch nicht mehr, den Begriff der „Person" für Gott zu gebrauchen; wenn damit ein beschränktes Du, ein gegenständliches Gegenüber gemeint sind. „Denn DEIN ist das Reich und die Kraft und die Herrlichkeit", so sprechen wir am Ende des Vaterunsers. Wir suchen Ihn als „Quelle" und Licht", als „Ursprung" und „Ziel" des Universums wie des eigenen Lebens. Alles überpersönliche Bilder! „Gott als Geheimnis der Welt", hat Eberhard Jüngel 1977 ein wichtiges Buch überschrieben. Die Fixierung auf ein Person-Bild kann nicht ausreichen gegenüber der unvorstellbaren Fülle, die zu GOTT gehört.
Eine weitere wichtige Bild-Überschreitung: Die feministische Bewegung hat aufgezeigt, wie stark unsere Glaubens-Tradition von männlich-patriarchalischen Bildern beherrscht war. Haben wir bei der Anrede „Vater" nicht die mütterliche Seite Gottes vergessen? Und bei der Vorstellung vom allmächtigen Herrn autokratische Züge ins Gottesbild hineinprojiziert?
Solche Erweiterungen des Gottes-Bilds sind heute auch nahe gelegt durch die Begegnung mit anderen Religionen. Der Kontakt mit dem Islam kann vielleicht

auch Christen helfen, sich nicht auf äußerliche Gottes-„Bilder" festlegen zu lassen. Ich bewundere vieles in der Speyerer barocken Dreifaltigkeitskirche. Aber immer neu kommen meine Fragen an die sinnenhaft-direkte Darstellung des „Dreifaltigkeit": wie hier „Vater", „Sohn" und der „Geist" (in Taubengestalt) ins Bild gesetzt sind.
Dann der Umgang mit dem verborgenen, dem Gefühl entzogenen, dem erschreckend fernen Gott. Vielleicht liegt hier die schwerste Aufgabe für die Gottesrede, im Gespräch mit fragenden Menschen.
Die Freunde Hiobs schweigen eine ganze Woche lang, bevor sie den im Leid versunkenen Hiob zu trösten suchen (Hiob 2). Hätten sie vielleicht noch viel länger schweigen sollen? Und ist beim Kontakt mit vom Unglück niedergeworfenen Menschen heute nicht allein das hilfreich, was Peter Annweiler, evangelischer Leiter der Telefonseelsorge Pfalz, kürzlich empfahl: „das aktive, empathische Zuhören"? (Evangelischer Kirchenbote 18/2020)
Jesus hat zu Menschen in „Gleichnissen", in Bildreden gesprochen. Ein nur scheinbarer Widerspruch zum Bilderverbot: Die Evangelien, Markus voran, bieten vor allem Erzählungen. Warum? Weil wir in Erzählungen und Bildgeschichten nicht zuerst mit unserem Verstand angesprochen werden; sondern auch emotional, mit unserem Gefühl, in unserem Unbewussten. Haben die Fragen, die wir aus der Bibel gehört haben, einen Gleichnis-Charakter in diesem Sinne?

Ob wir eine persönliche Zwischen-Bilanz wagen können? Etwa mit der Überlegung: Welche der 33 Fragen ist uns am meisten unter die Haut gegangen?

Vielleicht ist manchen aufgefallen, dass wir drei Fragen doppelt aufgegriffen haben. Einmal der Anfang von Psalm 22: „Mein Gott, mein Gott, warum hast du mich verlassen?" Dieser Schrei der Gottverlassenheit steht für das, was in Israel und der Menschheit Ungezählte erlitten haben, auch heute erleiden. Aber im Evangelium ist dieser Schrei bei Matthäus und Markus als letztes Wort Jesu am Kreuz überliefert. Der Schrei zu Gott, gemeinsam mit den Menschen. Ein Zeichen extremer Solidarität.
Und zwei Mal haben wir die jubelnden Fragen des Apostel Paulus aus Römer 8 aufgegriffen. Sie stehen bei Paulus, sind also Menschen-Wort. Aber wir haben

sie auch als Worte Jesu, des Auferstandenen, ein zweites Mal aufgeführt: Jesus, der die Liebe Gottes als überwältigendes Geschenk weitergibt. Ist das nicht die „Kraft seiner Auferstehung"? (Philipper 3,10)

Am Ende haben wir uns auch persönlich besonnen, wo wir beim Weiterfragen die größte Aufgabe sehen.

K: Ich versuche die Antwort mit einer einzigen Frage: Wie kann ich beim Zweifel aushalten, ohne die Freude des Evangeliums klein zu halten?
L: Weiterfragen ist wie Weiteratmen. Wie die Luft zum Atmen ist das Fragen belebend für alles Glauben, Hoffen und Lieben. Wo keine Fragen mehr sind, ist auch die Sehnsucht verloren, die Neugier und der Respekt. Wir fragen nacheinander, nach uns selbst und nach unserem Gott, weil wir auf der noch immer unerlösten Suche sind. Und nicht resignierend die immer neuen Fragezeichen wegschicken, sondern herbeiwinken als Grußbotschaften des Himmels. Gott ist nicht nur der Rede, er ist der Frage wert. Weil wir nicht fertig werden mit ihm. Und weil er nicht fertig ist mit uns. Die Schöpfung geht weiter. Und wir gehen fragend mit.

Vielleicht darf jeder von uns noch Zeilen aus einem Gedicht, aus einem Lied anschließen?

L: Ich habe ein Lied von Arnim Juhre als Schlusswort ausgewählt:
„Sing nicht so laut dein Glaubenslied, sing nicht so laut, so grell. Der Glaube trägt ein schweres Kleid aus Gnadenglück und Sterbeleid. Vielleicht kommt er dir nah. Vielleicht bleibt er dir fern.
Sing nicht so schnell dein Liebeslied, sing nicht so laut, so grell. Die Liebe wandelt dich und mich, befreit das selbstbedachte Ich. Vielleicht kommt sie dir nah. Vielleicht bleibt sie dir fern.
Sing nicht so schnell dein Hoffnungslied, sing nicht so laut, so grell. Die Hoffnung kann viel weiter sehn, als heute deine Füße gehen. Vielleicht kommt sie dir nah. Vielleicht bleibt sie dir fern.

Sing nicht so schnell dein Friedenslied, sing nicht so laut, so grell. Nicht jeder hat ein Traumgesicht, dass Gott ihm guten Mut zuspricht. Vielleicht kommt es dir nah. Vielleicht bleibt es dir fern."

K: In den letzten Monaten ist mir neu Martin Luther nahegerückt, mit manchen hellen Worten zum Glauben. So „wunderlich" kann Glaube sein, „dass einer durch ein unmöglich Ding hindurchbrechen soll ... Er geht hinein durch das Meer, als wenn da kein Wasser wäre, in den Tod, als wenn kein Tod da wäre, und fällt Christus um den Hals, als wenn es niemals Sünde gegeben hätte. Das heißt durch ein unmöglich Ding hindurchbrechen" (1528).

Daneben noch einmal Hölderlin: „Voll Güt' ist. Keiner aber fasset / Allein Gott." So fängt Hölderlins großes Gedicht „Patmos" an, in einer späteren Fassung. Vorher hieß der Anfang: „Nah ist / und schwer zu fassen der Gott". Und dann diese Wendung zu dem einseitigen „Voll Güt(e)"! Und die Ahnung, dass keiner allein zu dieser „Güte" findet. Wir bleiben gemeinsam auf dem Weg.

DANK

Wir haben Vielen zu danken bei einem Werk, das so viel von unserer eigenen Glaubens-Biographie erkennen lässt.
Wichtige Einwände und Anregungen haben uns Beate Hörner und Eberhard Cherdron gegeben. Kirchenpräsident Dr. Christian Schad begleitete unser Projekt mit freundlicher Aufmerksamkeit und überließ uns sein aktuelles Geleitwort.
Vieles danken wir dem Gespräch mit Frauen. Elisabeth Moltmann-Wendel und Dorothee Sölle sollen bewusst genannt sein.
Manchen Heutigen danken wir für Kritik und inspirierende Impulse.
Intensiv hörten wir die Fragen einer pfälzischen Pfarrerin mit, die so schmerzlich früh verstorben ist: Petra Vollweiler-Freyer (1959–2008). Sie erlebten wir beide als eine Christin in der Verwandtschaft des fragenden Thomas, eine suchende Maria von Magdala.
Schließlich danken wir dem Verlagshaus Speyer für die konstruktive Zusammenarbeit.

Klaus Bümlein und Ludwig Burgdörfer
Speyer und Landau, am 1. Juli 2020

Literaturhinweise zum Weiterfragen

Die hier genannte Literatur hat uns bei unserer Suche in Glaube und Zweifel inspiriert, provoziert und motiviert. Aus manchen Werken haben wir wörtlich zitiert, anderes ist indirekt eingeflossen. Wir empfehlen sie deshalb für das eigene WEITERFRAGEN:

Johannes Bours, Da fragte Jesus ihn, Herder Freiburg, 1983

Ernesto Cardenal, Zerschneide den Stacheldraht. Lateinamerikanische Psalmen, Wuppertal seit 1967

Heiner Geißler, Kann man noch Christ sein, wenn man an Gott zweifeln muss? Ullstein Berlin, 2017

Anselm Grün, Tomas Halik, Gott los werden. Warum der Glaube den Unglauben braucht, Herder Freiburg, 2019

Axel Hacke, Die Tage, die ich mit Gott verbrachte, Verlag Antje Kunstmann, 2018

Tomas Halik, Glaube und sein Bruder Zweifel, Herder Freiburg, 2017

Wilfried Härle, Worauf es ankommt. Ein Katechismus, Leipzig, 2018

Günter Hegele, Kernfragen des Glaubens. Die Reformation geht weiter, Arbeitskreis „Gottesbild heute" der Evangelischen Akademikerschaft in Deutschland, Verlagshaus Speyer, 2016

Klaus Peter Jörns, Update für den Glauben, Gütersloher Verlagshaus, 2012

Marie Luise Kaschnitz, Tage, Tage, Jahre. Aufzeichnungen, Frankfurt am Main, 1968 (als Fischer Taschenbuch seit 1971)

Michael Klessmann, Ambivalenz und Glaube. Warum sich in der Gegenwart Glaubensgewissheit zu Glaubensambivalenz wandeln muss, Kohlhammer Stuttgart, 2018

Sibylle Knauss, Der Gott der letzten Tage, Klöpfer & Meyer, Tübingen, 2019

Zivi Kolitz, Jossel Rakovers Wendung zu Gott, München, 1996

Christian Lehnert, Der Gott in einer Nuß, Suhrkamp Berlin, 2017

Esther Maria Magnis, Gott braucht dich nicht. Eine Bekehrung, Hamburg, 2014

Kurt Marti, Gott im Diesseits. Versuche zu verstehen, Radius Stuttgart, 2005

Christian Möller, „Ich hab einen besseren Sorger". Luthers seelsorgliche Theologie, Kamen, 2017

Martin Schleske, Herztöne. Lauschen auf den Klang des Lebens, adeo-Verlag, 2017

Eric Emmanuel Schmitt, Oscar und die Dame in Rosa, Fischer Frankfurt, 2005

Heinrich Spaemann (Hrsg.), Wer ist Jesus von Nazareth – für mich? 100 zeitgenössische Zeugnisse, München, 1973

Martin Walser, Muttersohn, Rowolth Hamburg, 2011

Martin Walser, Über Rechtfertigung. Eine Versuchung, Rowohlt Hamburg, 2012

Eli Wiesel, Alle Flüsse fließen ins Meer. Autobiographie, München 1995

DIE AUTOREN

Dr. Klaus Bümlein
geboren 1943 in Ludwigshafen am Rhein
Nach dem Abitur 1962 (in Landau) Theologiestudium in Mainz, Heidelberg, München und Münster
1967 erstes theologisches Examen
Beurlaubt zur Promotion bei Prof. Edmund Schlink (1971) über „Sünde" im Kontext der „mündigen" Welt
1970–1972 Vikariat in Speyer-Nord und Zweites theologisches Examern
1972–1984 Pfarrer in Schifferstadt
1984–1990 Dozent am Predigerseminar in Landau
1991–2005 Oberkirchenrat im Dezernat II (für Theologiestudierende, Schule und Bildungsfragen)
Auch im Ruhestand seit 2006 engagiert für Themen der Kirchengeschichte, Theologie, Spiritualität und Ökumene
Seit 1969 verheiratet mit Annette Jacob, eine Tochter

Dr. Ludwig Burgdörfer

geboren 1956 in Breunigweiler am Donnersberg
1975 Abitur in Kaiserslautern
1975–1981 Studium der Theologie in Bethel und Heidelberg
1981 Erstes theologisches Examen in Speyer
1981–1982 Vikariat in Neustadt
1983 Zweites theologisches Examen in Speyer
1983–1992 Pfarrer in Gundersweiler (Dekanat Winnweiler)
Promotion in Heidelberg bei Prof. Walther Eisinger über Symbolsprache
1992–1996 Pfarrer an der Stiftskirche in Landau
1996–2002 Dekan des Kirchenbezirks Landau
2002–2019 Leiter des MÖD (Missionarisch-Ökumenischer Dienst in der Evangelischen Kirche der Pfalz)
Seit 1.10.2019 im Ruhestand
Seit über 25 Jahren Rundfunkautor beim SWR/Mainz
Verheiratet mit Susanne Burgdörfer
Zwei erwachsene Kinder, fünf Enkelkinder

Anhang WEITERFRAGEN

Starkes Stück

Mein Zweifel ist ein starkes Stück vom Glauben.
Im Schwanken, hin und her, erfahr ich viel.
Den Mut lass ich mir davon gar nicht rauben.
Denn nur wer wirklich wankt
ist auch stabil.

1. Wandelmutig, kess und kühn
   glaub ich mich durch Wind und Wellen.
   Christsein ist gewagt und schön,
   tastet sich hinauf zum Hellen.

2. Augenblicklich, wild und leise
   sehne ich mich himmelweit.
   Christsein ist wie eine Reise.
   Dauert seine Ewigkeit.

3. Leidenschaftlich, voll und ganz
   atme ich mich in das Beten.
   Christsein ist schon voller Glanz
   Wenn wir nicht nur reden.

Mein Zweifel ist ein starkes Stück vom Glauben

Ludwig Burgdörfer

Anna Linß

17 Em Hm
1. Wan - del - mu - tig, kess und kühn
2. Au - gen - blick - lich, wild und lei - se
3. Lei - den - schaft - lich, voll und ganz
19 Em
glaub ich mich durch Wind und Wel - len.
seh - ne ich mich him - mel - weit.
at - me ich mich in das Be - ten.
21 Hm Em
Christ - sein ist ge - wagt und schön,
Christ - sein ist wie ei - ne Rei - se.
Christ - sein ist schon vol - ler Glanz.
23 C H
tas - tet sich hin - auf zum Hel - len.
Dau - ert sei - ne E - wig-keit.
Wenn wir nicht nur re - den.

Zitat

Gott finden und suchen
„Manche sagen
Sie hätten IHN
schon gefunden

aber meist ist ER
dann eine Erfindung
ein leeres Versprechen

Es bleibt uns zu warten
bis wir den Ruf hören

Mensch
Wo bist du?"

Wilhelm Brunners, Publik-Forum Nr. 16/2018

Weiterfragen

1. Alles fängt mit Fragen an,
niemals gleich mit Wissen.
Erst ist immer Suchen dran,
Zweifeln und Vermissen.
Darum bitte nicht verzagen:
Weiterfragen!

REFRAIN:
***Ich frage
also bin ich
GOTT
auf dem Weg zu DIR!
DU bist der Fragen würdig
und ich vermiss DICH hier.
Überall nur Leere,
wir wissen nicht, wohin?
Komm uns doch nah und kläre
uns auf mit Ziel und Sinn.***

2. Findet sich die Antwort ein,
ist das eine Freude.
Sie gehört mir ganz allein,
reicht bestimmt für Heute.
Morgen will ichs wieder wagen:
Weiterfragen!

3. Bleibt es also wohl dabei:
Glauben ist unglaublich,
immer fraglich, ziemlich scheu,
doch überlebenstauglich.
Drum gerade kann er tragen:
Weitersagen!

4. Alles hört mit Fragen auf,
das hat hier kein Ende,
begleitet unsern Lebenslauf,
fällt in Gottes Hände.
Da gibt's nichts zu beklagen:
Weiterfragen!

Weiterfragen